CW00541947

AU-DELÀ DU PIB
Pour une autre mesure de la richesse

Du même auteur

En collaboration avec M.-T. Join-Lambert, A. Bolot-Gittler, C. Daniel, D. Lenoir, *Politiques sociales*, FNSP/Dalloz, 1994, 1997.

Travail, une révolution à venir, entretien avec Juliet Schor, Mille et Une Nuits/Arte Éditions, 1997.

Le Travail. Une valeur en voie de disparition, Aubier, « Alto », 1995 ; Champs-Flammarion, 1998.

Qu'est-ce que la richesse ?, Aubier, « Alto », 1999 ; Champs-Flammarion, 2000.

Le Temps des femmes, Flammarion, 2001 ; édition mise à jour Champs-Actuel 2008.

En collaboration avec F. Vennat, *Le Travail non qualifié. Permanences et paradoxes*, Éditions La Découverte, « Recherches », 2004.

En collaboration avec P. Auer, G. Besse, *Délocalisations, normes du travail et politiques d'emploi. Vers une mondialisation plus juste ?*, La Découverte, 2005.

Le Travail, PUF, « Que sais-je ? », 2004, 2005, 2007.

En collaboration avec Alain Lefebvre, *Faut-il brûler le modèle social français ?*, Seuil, 2006.

En collaboration avec H. Périvier, *Le Deuxième Âge de l'émancipation. La société, les femmes et l'emploi*, Seuil, « La République des idées », 2007.

En collaboration avec E. Serverin, *Le Contrat de travail*, La Découverte, « Repères », 2008.

Dominique Méda

AU-DELÀ DU PIB
Pour une autre mesure de la richesse

Champs actuel

ISBN : 978-2-0812-1651-8

NOTE DE L'ÉDITEUR

On lira ci-après les principaux extraits de Qu'est-ce que la richesse ?, *paru originellement dans la collection Alto (Aubier) en 1999 et republié dans la collection Champs-Flammarion en 2000. Il nous a paru important, alors même que l'actualité politique a ramené la question des indicateurs de richesse au premier plan, de remettre à disposition du grand public des analyses pionnières qui plaidaient pour que de nouveaux indicateurs de richesse soient mis au service d'un projet de civilisation, dans des termes qui restent d'une profonde actualité.*

La préface inédite revient précisément sur la manière dont le débat politique français s'est emparé de ces questions, fait le point des développements théoriques récents et s'interroge sur les intentions et la méthode proposée par le président de la République pour mettre ces sujets sur l'agenda public.

Présentation

Au début de l'année 2008, alors que l'augmentation tant désirée du taux de croissance faisait défaut et que les revendications relatives au pouvoir d'achat s'intensifiaient, le président de la République, Nicolas Sarkozy, s'indigna, au cours d'une conférence de presse, de l'incapacité du produit intérieur brut (PIB) à représenter les évolutions économiques et sociales et déclara qu'il était urgent d'élaborer d'autres indicateurs de croissance. Il précisa qu'il avait demandé à Amartya Sen et Joseph Stiglitz de constituer une commission sur « les limites du produit national brut comme critère de mesure de la performance économique et du bien-être », dont il attendait des propositions.

Cet événement fut peu commenté. Les journalistes revinrent rarement sur les origines intellectuelles d'une telle proposition, pas plus que sur le sort qui avait pu être fait à ses timides apparitions dans le débat public français lors de la décennie précédente, sur les expériences étrangères ou encore sur les contradictions existant (ou susceptibles d'exister) entre le programme politique déjà mis en œuvre par le gouvernement de Nicolas Sarkozy et les conséquences de l'usage de nouveaux indicateurs. C'est ce à quoi je voudrais m'employer dans les pages qui suivent de manière à donner tout son sens à la question de savoir à quoi a réellement servi cette annonce et quel était le but qu'elle visait. Car de deux choses l'une : ou bien Nicolas Sarkozy et ses conseillers connaissaient les travaux développés en France sur ces questions depuis la fin des années 90 par des chercheurs de toutes disciplines, avec des associations engagées dans des actions concrètes et, dans ce cas, il donnait le signal qu'il souhaitait mettre en œuvre une véritable révolution. Ou bien il s'agissait d'une tentative de diversion destinée à gagner du temps et à faire oublier que les vrais problèmes de la France ne sont pas réglés.

Une idée enracinée à gauche

Comme on le verra dans ce livre, les courants de pensée ayant remis en cause l'usage du PIB comme indicateur principal de l'évolution de la société se situent clairement à gauche, si l'on entend par là le fait de ne pas considérer le prix comme ultime signe de la valeur des choses, de penser que le fait d'être en société et précisément dans une société bien liée a une valeur particulière et de croire que la réduction des inégalités est souhaitable et possible, tout comme la diminution de la pression écologique des activités humaines.

C'est dans les années 70 que plusieurs tentatives visant à construire des indicateurs alternatifs ou complémentaires au produit intérieur brut furent engagées, notamment celle de Tobin et Nordhaus en 1972, qui contestaient au PIB la capacité d'être un indicateur de bien-être parce qu'il ne tenait compte ni du temps domestique, bénévole, ou de loisir ni de certains dommages collatéraux de la croissance, et celle d'une équipe japonaise, soucieuse d'obtenir une image du « bien-être national » plus proche de la réalité. Comme on le verra dans les pages qui suivent, ces tentatives reçurent à l'époque en France une fin de non-recevoir, notamment de la part des comptables nationaux qui ne souhaitaient ni élargir démesurément la comptabilité nationale, ni, pour certains, entendre parler d'une chimère telle que le « bien-être national ». Comme l'écrit André Vanoli, pour lequel le PIB n'est pas un indicateur de bien-être, dans son ouvrage magistral consacré à la comptabilité nationale : « Si ce type de travaux ne fait pas école [...] c'est qu'il implique des choix conventionnels si larges qu'ils confinent souvent à l'arbitraire et posent de redoutables problèmes d'interprétation. [1] »

1. A. Vanoli, *Une histoire de la comptabilité nationale*, La Découverte, « Repères », 2002, p. 361.

[...] « on est dans le domaine des choix éthiques » [1]. L'effervescence intellectuelle des années 70, qui donna notamment lieu en France à l'élaboration d'indicateurs sociaux [2] mais aussi à de nombreuses tentatives de développer d'autres mesures du bien-être [3] connut un coup d'arrêt dans les années 80 en raison de la montée du chômage, comme s'il fallait désormais revenir aux fondamentaux, à des choses sérieuses.

C'est au cours des années 90 aux États-Unis et à la fin de ces mêmes années en France que les recherches reprennent et qu'un débat s'amorce. Aux États-Unis, nous y reviendrons ci-après, les tentatives vont se multiplier pour élaborer des indicateurs alternatifs ou complémentaires au PIB, les uns à dimension plutôt sociale, les autres à dimension plutôt environnementale. Il s'agit dans tous les cas de corriger l'image tronquée que le PIB donne des évolutions économiques et sociales. Dès 1990, le *Rapport mondial sur le développement humain* met au centre de sa réflexion l'Indice de développement humain : depuis cette date, le PNUD (Programme des Nations Unies pour le développement) publie en effet un rapport

1. *Ibid.*, p. 366.

2. Voir pour le rappel de cette histoire, B. Perret, *Indicateurs sociaux, état des lieux et perspectives*, Rapport au Conseil de l'emploi, des revenus et de la cohésion sociale, janvier 2002.

3. A.Vanoli, *Une histoire de la comptabilité nationale*, *op. cit.*, chapitre 7 « Production, valeur, bien-être ».

annuel qui comprend de nombreux indicateurs économiques, sociaux et environnementaux, dont l'IDH. Celui-ci aura une audience mondiale.

En 1999, paraît en France *Qu'est-ce que la richesse ?* L'ouvrage, dont on trouvera ci-après les principaux extraits, tente de comprendre comment nos sociétés ont pu accepter, pour se représenter leur progrès et leur situation, un indicateur qui ne prend en considération que les opérations de vente de biens et services et le coût de production des services non marchands. Comment nos sociétés ont-elles pu accepter que leur richesse soit réduite au seul échange de biens et services au mépris de toutes les autres activités, des autres formes de liens, des autres formes de progrès ou de mise en valeur du monde ? Quel rôle la science économique (et la volonté que celle-ci devienne une science exacte) a-t-elle joué dans ce processus ? De quelle preuve dispose-t-on qu'une société qui produit beaucoup et a un gros PIB est une société qui va bien, progresse et se dote des éléments susceptibles de la faire s'inscrire dans la durée ?

Le livre revient sur les insuffisances du PIB et les résume ainsi : le PIB ne valorise pas des types d'activité ou des temps essentiels pour la vie des sociétés : « temps avec les proches », « temps des activités citoyennes et démocratiques », « temps domestique »... Il ne s'intéresse pas à la manière dont la contribution à la production et les revenus issus de celle-ci sont répartis entre les membres de la société et ne peut donc pas renseigner sur d'éventuels facteurs de décohésion sociale. Il ne prend pas en compte les dégâts engendrés à l'occasion de la production, les atteintes au patrimoine collectif et les déprédations opérées sur le patrimoine naturel par l'activité industrielle et commerciale.

Existe-t-il alors des indicateurs alternatifs au PIB qui seraient susceptibles de mettre en évidence, mieux qu'à l'heure actuelle, les facteurs de décohésion sociale ou de dégradation du patrimoine qui pourraient nous être utiles pour évaluer à la fois la qualité de notre développement et celle des politiques (publiques et d'entreprises) mises en œuvre ? Une telle ambition suppose que l'on ait une idée – à mettre en discussion – de ce que peut être un « bon » développement de la société, voire une « bonne société ». Ne faut-il pas substituer à l'objectif purement opératoire et processuel – sans aucun contenu – de mondialisation, dont on nous rebat les oreilles, un objectif de civilisation, reprenant à nouveaux frais l'idée kantienne d'une paix perpétuelle entre les Nations et visant à mettre en place l'ensemble des conditions sociales nécessaires à l'autoréalisation des individus ?

De la théorie à la pratique

Rapidement, ce livre va trouver son public et sa communauté de travail. Il me semble important de rappeler les événements qui vont suivre sa parution. D'abord, avec Jean Gadrey, un économiste, qui a notamment consacré des travaux à la manière dont sont construits les indicateurs de la productivité et des prix et dont ceux-ci peuvent ou non rendre compte des améliorations qualitatives, nous décidons de créer un groupe de travail qui tentera de réunir les chercheurs français ayant travaillé sur ce sujet, et qui permettra de mettre en commun nos avancées et nos interrogations. En 2001, le premier séminaire de ce groupe se tient au laboratoire de recherches Clerse, à Lille. Ensuite, avec Patrick Viveret, ancien compagnon de route de Michel Rocard, ayant produit de nombreux travaux sur l'évaluation des politiques publiques, et qui s'enthousiasme pour ce livre et ce projet, nous envisageons les moyens concrets de rendre ce dernier plus visible et opérationnel. Dès 2000 également, un courant du parti socialiste, réuni autour de quelques jeunes gens soucieux de développer le débat d'idées au sein de ce parti, Utopia, décide de se battre pour promouvoir une nouvelle société, plus équilibrée, refusant l'envahissement de la vie par le travail, exigeant la mise en place de nouveaux modes de production et de consommation, portant l'idée qu'il est temps de prôner un mode de développement appuyé sur de nouveaux indicateurs de richesse.

Nous allons ensuite continuer à travailler selon trois modes d'action différents. D'une part, sont engagés des travaux théoriques et empiriques destinés à faire le point des indicateurs alternatifs existant de par le monde et à approfondir la question de la méthodologie à mettre en œuvre. Faut-il faire un indicateur synthétique, qui peut présenter de lourds inconvénients méthodologiques mais constituer un apport majeur en termes de communication (comme l'a mis en évidence l'IDH, indice sommaire prêtant le flanc à de nombreuses critiques mais qui a connu un retentissement mondial et a permis de montrer l'intérêt de disposer d'autres indicateurs) ? Ou faut-il plutôt des batteries d'indicateurs, dans la tradition des indicateurs sociaux ? Faut-il monétariser toutes les dimensions ou pas ? Faut-il des indicateurs permettant de comparer des niveaux ou des tendances ? De très nombreuses questions se posent. C'est pour y répondre qu'au terme de ces travaux Jean Gadrey et Florence Jany-Catrice publient *Les Nouveaux Indicateurs de richesse* [1]. Tout au long de ces années, Bernard Perret participera à ces réflexions théoriques.

Pendant ce temps, à partir de 2000, Patrick Viveret s'est vu confier par Guy Hascoët, le secrétaire d'État à l'Économie solidaire, une mission sur « les nouveaux facteurs de richesse ». De nombreux chercheurs mais aussi des associations et des collectifs investis dans le traitement de ces questions vont par-

1. La Découverte, « Repères », 2005.

ticiper à la réflexion. Il en résultera un rapport : *Reconsidérer la richesse* et un livre éponyme.

La dimension politique enfin. Au début des années 2000, le parti socialiste n'est, semble-t-il, pas prêt à renouveler aussi profondément sa doctrine : se prononcer pour de nouveaux indicateurs de richesse, c'est, pour un gouvernement, courir le risque de se voir à tout moment imputer des évolutions négatives. C'est aussi accepter tout ce qu'implique l'introduction d'indicateurs alternatifs ou complémentaires plus larges : une révision profonde des modes de production qui contribuent à une dégradation de l'environnement amoindrissant les performances du nouvel indicateur ; la remise en cause de l'idée que l'augmentation ininterrompue de la consommation et sa sophistication toujours plus grande sont en soi une bonne chose ; la nécessité de progresser encore en matière de réduction des inégalités... Et puis la mise en place de tels indicateurs nécessite à l'évidence de nombreux débats notamment pour déterminer ce que sont les éléments constitutifs du bien-être. Quoi qu'il en soit, si le parti socialiste ouvre les colonnes de ses publications à l'auteur de ces lignes, il se méfie de ce courant Utopia et ne lui accordera qu'une place limitée.

En mars 2003, le PS tient congrès à Dijon. Utopia décide de présenter une motion [1], qui sera l'une des

1. http://www.psinfo.net/documents/congres/dijon/motions/utopia1.html

cinq proposées au vote des militants. Elle est tout entière construite sur l'ambition de promouvoir une nouvelle société plus attentive à sa perpétuation et donc au développement de son patrimoine naturel et social : « Le congrès de Dijon est une occasion précieuse de renouveler le discours socialiste, de formuler un nouveau projet de civilisation, écrivent les auteurs. Nous optons de manière radicale pour un développement pluriel de nos sociétés, pour une mise en valeur du monde qui ne se réduise pas à la production et à la consommation. La société n'a pas pour unique finalité de produire des biens et des services. L'augmentation de la production et de la consommation ne saurait être considérée comme le seul indicateur de richesse et de bien-être pertinent d'une société [...] Rompons avec la conception d'une richesse dont l'unique indicateur serait le PIB. Substituons à l'objectif de croissance celui de "développement", utilisons de nouveaux indicateurs pour mesurer les vrais progrès de nos sociétés [...] De même, face à la mondialisation, nous préférons construire ensemble un autre projet de "civilisation". Ce véritable projet de "développement universel" doit permettre à chaque individu d'intégrer la société, de devenir un sujet autonome disposant des moyens, non seulement d'être indépendant financièrement mais aussi d'exercer son jugement, de participer aux choix communs, d'être éclairé. Être un citoyen actif, ce n'est pas seulement produire, c'est aussi participer à la décision politique et comprendre les enjeux de notre société. »

Bien que de nombreux témoignages d'intérêt soient parvenus aux tenants de la motion, celle-ci n'obtiendra que 1% des suffrages... Il est difficile de savoir si, dans un autre contexte, à un autre moment, moins stratégique (car il ne s'agissait une fois de plus lors de ce congrès que de se compter), ces idées auraient pu être plus amplement reprises par le parti socialiste. Je formule l'hypothèse que la volonté de ne pas écorner la réputation de sérieux et l'image d'un parti responsable et parfaitement capable de gouverner a grandement joué dans la méfiance dont cette organisation a fait preuve à l'égard d'idées qui apparaissaient encore largement iconoclastes. De même que l'idée de critiquer la place occupée dans nos sociétés par le travail à un moment où le chômage était au plus haut, un discours critique sur la croissance et la consommation devait sembler impossible à tenir pour un parti qui voulait éperdument renouer le contact avec les classes populaires. Comment remettre un tant soit peu en cause l'impérialisme de la croissance alors que celle-ci est absolument nécessaire, nous dit-on, à la création d'emplois ? Comment remettre un tant soit peu en cause l'obsession de la consommation alors que tant de personnes manquent de tout et aspirent au moins à accéder aux biens élémentaires ? Comment mettre en place des politiques taxant les entreprises polluantes si une telle opération a pour conséquence des fermetures d'entreprises ou des délocalisations ? Toutes ces questions sont, on s'en doute, explosives. L'adoption de nouvelles perspectives de développement social intégrant la dimension environnementale et la question des inégalités, ainsi que la mise en place de nouveaux indicateurs auraient exigé que ces différents foyers de conflits fussent éteints. On préféra ne pas ouvrir la boîte de Pandore.

On touche là néanmoins à un point de doctrine très important : comment faire tenir ensemble dans un programme politique le souci du développement durable (ce qui implique clairement la mise en œuvre de moyens de production plus économes en ressources naturelles et une consommation elle aussi moins gourmande en ces matières) et l'appel à la croissance qui continue d'être, selon la plupart des économistes, la clé de la lutte contre le chômage ? Ces réflexions proposaient de regarder en face cette contradiction et de tenter d'y apporter des réponses, avec les citoyens. Pour ce qui concerne la question même, elle n'a toujours pas été tranchée.

La seule personne qui montra de l'intérêt pour cette approche fut Ségolène Royal, notamment lors du premier débat opposant les candidats de la primaire socialiste à l'automne 2006 : elle fit très clairement allusion à la nécessité d'élargir notre conception de la richesse et d'opérer des corrections sur le PIB. Quelques mois auparavant, son conseiller économique, Pierre-Alain Muet, avait publié dans *L'Hebdo des socialistes* une tribune plaidant pour le développement de nouveaux indicateurs de richesse. Une fraction du parti socialiste était donc en train de faire son *aggiornamento* sur cette question centrale. Est-ce là que le président de la République a trouvé son inspiration ? Est-ce pour cette raison qu'il a choisi d'ouvrir ce sujet ?

Résistances

Car les autres partis politiques n'ont jamais fait montre d'un quelconque intérêt pour ces questions... Il n'existe aucune trace de la nécessité de reconsidérer la place du PIB comme indicateur central ou de s'interroger sur la place de la croissance et de la consommation dans le programme de l'UMP ou dans le discours du candidat Sarkozy.

Mais les résistances venaient aussi des institutions. Certes, l'OCDE avait publié en 2001 un rapport (ce qui correspond assez peu à ses habitudes) qui s'intitulait sobrement : *Du bien-être des nations*. De manière relativement nouvelle, l'ouvrage reconnaissait que la croissance économique ne peut pas être le seul objectif poursuivi par les sociétés et que, loin d'être nécessairement à l'origine d'une augmentation du bien-être, elle peut au contraire s'accompagner de pertes de bien-être ou de moindres gains de bien-être. L'OCDE reconnaissait par ailleurs que le PIB et le bien-être économique ne se recoupent pas (le second agrégat étant plus large que le premier) et que le PIB n'était qu'un indicateur parmi d'autres de certains aspects du bien-être. S'il y avait, soulignait l'ouvrage, des indices de tendances divergentes entre la croissance du PIB et le bien-être, il est néanmoins difficile de mesurer le bien-être.

Cependant, lors d'une journée de travail organisée par le Commissariat général au Plan en 2003, où Jean Gadrey, Bernard Perret et moi-même défendions la nécessité de nouveaux indicateurs de richesse face aux représentants des principales institutions concernées (notamment l'INSEE et l'OCDE), c'est bien à une fin de non-recevoir que nous nous heurtâmes. Deux raisons principales étaient évoquées (ce sont toujours les mêmes que l'on retrouve depuis les premières réserves exprimées par Arkhipoff jusqu'à celles exprimées par Baneth, comme on le verra dans le texte ci-après). La première concernait le fond du sujet : qui va décider ce que sont les éléments constitutifs d'une bonne société, ce qui est bon pour l'ensemble des individus ? Et donc qui est légitime pour choisir les domaines, les variables, les pondérations qui seront au fondement de l'indicateur ? Qui va décider, par exemple, que le taux de divorce est un des éléments à considérer et que son augmentation est ou n'est pas forcément une mauvaise chose pour la société ? Qui peut déterminer ce qu'est le bien-être d'une société, alors même que les préférences individuelles ne peuvent être agrégées ?

La seconde rassemblait un ensemble de questions techniques qui ont déjà été évoquées ci-dessus : faut-il une batterie d'indicateurs ou un indicateur synthétique (et dans ce cas comment pondérer les différentes dimensions ?) ; faut-il monétariser les différents domaines ou non ? Faut-il prendre en considération des stocks ou des flux ? Mises en perspective de manière exhaustive dans le livre de Jany-Catrice et Gadrey, ces questions ne furent ensuite plus évoquées nationalement. Les deux grandes tentatives marquantes furent, dans cette veine, l'élaboration du Baromètre des inégalités et de la pauvreté, le BIP 40 créé en 2002 – nous y reviendrons –, et l'élaboration d'un indicateur de niveau de vie par Fleurbaey et Gaulier en 2006, les deux ayant pour but de rendre compte des inégalités d'accès aux ressources fondamentales. Ce sont des travaux locaux ou associatifs qui prirent ensuite le relais. La région du Nord-Pas-de-Calais s'est ainsi dotée d'indicateurs synthétiques de développement humain, de santé sociale et d'empreinte écologique.

Le retard français

Il n'en demeure pas moins – ce que Florence Jany-Catrice et Jean Gadrey soulignent dans le rapport qu'ils ont réalisé pour la Dares – que la France est en retard sur cette question. Le fait est – et le président de la République ne pouvait l'ignorer avant de faire sa proposition – que, depuis le début des années 90, de très nombreux indicateurs ont été élaborés, proposés, mis en discussion, notamment par des auteurs américains et canadiens. Et sans vouloir faire de jeu de mots, la richesse de ces indicateurs est exceptionnelle.

On dispose, d'une part, de plusieurs indicateurs synthétiques de développement humain : depuis 1990, le Programme des Nations Unies pour le développement (PNUD) propose l'Indice de développement humain (IDH). Il s'agit de la moyenne de trois indices qui mesurent l'espérance de vie à la naissance, le niveau d'instruction et le PIB par habitant en PPA (parités de pouvoir d'achat). Il sera, au cours des années suivantes, enrichi pour donner un indicateur de participation des femmes à la vie économique et politique, et deux indicateurs de pauvreté humaine, l'un pour les pays en développement et l'autre pour les pays développés.

À la fin des années 80, les Miringoff ont développé au sein du Fordham Institute for Innovation in Social Policy des travaux qui aboutiront à un « Indicateur de santé sociale » (ISS) : 16 variables affectées à des classes d'âge constituent le corps de cet indice. Parmi ces 16 variables figurent notamment la mortalité infantile, la pauvreté infantile, le chômage, la pauvreté des plus de 65 ans, les accidents de la route mortels liés à l'alcool...

Un Indice de sécurité personnelle (ISP) est élaboré dans les années 90 par le Canadian Council on Social Development. Il prend en considération trois types de sécurité : la sécurité économique, la sécurité devant la santé et la sécurité physique, qu'il cerne par une série de variables objectives (taux de chômage, accidents du travail, violence physique) qui sont pondérées par des données subjectives.

On dispose, d'autre part, de plusieurs indices qui visent plutôt à prendre en considération les dégâts infligés à l'environnement et tentent, les uns, de monétariser ceux-ci (ou, à l'inverse, de valoriser les gains), les autres non. L'Indicateur de progrès véritable (IPV ou Genuine Progress Indicator), élaboré en 1994 par l'association Redefining Progress, est un indicateur alternatif au PIB, issu de la correction de celui-ci. Grossièrement, dans ce type d'indicateur, on part de la consommation marchande des ménages, à laquelle on ajoute la valorisation de certaines activités (le travail domestique, le loisir...) et des dépenses publiques non défensives (partie des dépenses publiques qui ne servent pas à réparer des dégâts occasionnés par la croissance) et de laquelle on ôte la valorisation des dépenses publiques défensives et des dommages écologiques. L'IPV présente de multiples raffinements : de très nombreux coûts sont calculés et ôtés (coût des délits, des accidents automobiles, de la pollution de l'eau, de l'air...) et est ajoutée la valeur du travail domestique, du bénévolat, des services des biens durables et de l'infrastructure routière. L'empreinte écologique est un autre type d'indicateur, exclusivement centré sur l'environnement. Il vise à prendre la mesure des ressources renouvelables consommées par une population donnée et à les mettre en regard de la capacité de l'environnement à assurer le renouvellement de celles-ci.

Enfin, il faut accorder une attention particulière, parmi les très nombreux indicateurs (qui sont loin d'avoir été tous mentionnés ici) à l'indicateur de bien-être économique élaboré par deux Canadiens, Osberg et Sharpe, qui a été construit pour plusieurs pays européens à l'aide de données statistiques très précises [1].

Un indicateur de bien-être économique pour plusieurs pays européens

Plusieurs aspects nous intéressent dans la réflexion de ces deux auteurs. D'abord, leurs travaux prennent leur origine dans le sentiment des citoyens qu'un décalage s'est creusé entre l'augmentation du PIB et leur propre impression de bien-être. Il vaut la peine

---

1. Voir A. Sharpe, D. Méda, F. Jany-Catrice et B. Perret, « Débat sur l'Indice du bien-être économique », *Travail et Emploi,* n° 93, janvier 2003.

de citer, sur ce point, les propos introductifs de l'article qu'Osberg et Sharpe ont publié dans la revue *Travail et emploi* en 2003 : « Le bien-être économique s'est-il accru ou a-t-il au contraire diminué au cours des dernières années ? Comment peut-on le savoir et que devrait-on savoir ? En 1980, alors qu'il était président des États-Unis, Ronald Reagan posa à ses compatriotes une question simple en apparence : "Votre situation s'est-elle améliorée par rapport à il y a quatre ans ?" Bien que le revenu réel américain par habitant fût, en 1980, supérieur d'environ 7,6 % à celui de 1976, les Américains répondirent "Non !". Plus récemment, en 1998, on a demandé aux Canadiens, si, dans l'ensemble, leur situation financière était comparable à celle de leurs parents au même âge. Moins de la moitié (44 %) des personnes interrogées ont déclaré qu'elle s'était améliorée, malgré une augmentation de quelque 60 % du PIB réel par habitant au cours des vingt-cinq années écoulées. On le voit, le revenu national ne représente pas nécessairement une mesure de référence fiable de la manière dont la population perçoit l'évolution du bien-être économique.[1] »

D'autre part, à travers l'élaboration de cet indicateur, les auteurs défendent l'idée que chaque société,

1. L. Osberg, A.Sharpe, « Évaluer l'Indice du bien-être économique dans les pays de l'OCDE », in A. Sharpe, D. Méda, F. Jany-Catrice et B. Perret, «Débat sur l'Indice du bien-être économique », *op. cit.*, p. 75.

inscrite dans un territoire donné avec ses ressortissants et ses institutions, dispose d'un patrimoine (constitué tout à la fois de biens physiques, naturels, culturels, d'un état donné de santé, d'éducation, de sécurité...) et que le devenir de ce patrimoine importe tout autant que les évolutions de la seule production ou du revenu tiré des échanges de biens et services. Il y a donc l'idée que nous héritons à chaque moment d'un système que nous devons maintenir ou améliorer et que nous devons suivre les évolutions de ces ressources de la même manière que celles de ce que nous produisons à partir de ces ressources.

Cet indicateur prend en considération quatre dimensions différentes, qui constituent autant de sous-indices et qui permettent, chacune, de mettre en évidence un des aspects constitutifs de ce que l'on peut considérer comme une « bonne société ». Le premier sous-indice est constitué des flux de consommation courante (consommation de biens et services marchands, flux réels de production domestique, loisirs et autres biens et services non marchands). Le deuxième vise à prendre la mesure de l'accumulation nette des ressources productives : il s'attache à prendre en considération la diminution des stocks de ressources naturelles. Le troisième concerne la manière dont les revenus sont répartis dans la population, en mobilisant les indices classiques de Gini et le taux de pauvreté. Le dernier, très innovant, mesure le degré de sécurité ou d'insécurité économique et vise à prendre la mesure avec laquelle les politiques publiques permettent ou non aux individus de faire face aux différents risques sociaux et donc d'évaluer celles-ci. S'appuyant sur la Déclaration universelle des droits de l'homme, les auteurs analysent les évolutions des quatre grands risques sociaux : maladie, vieillesse, chômage et monoparentalité (au lieu de la simple survenue d'enfants), et prennent en considération la manière dont les dispositifs couvrent ces risques.

Enfin, le caractère très intéressant de cet indicateur vient de la manière dont il est ouvert à l'utilisation de données subjectives (et les résultats d'enquête d'opinion) pour pondérer ses différentes dimensions. Certes, il présente encore de nombreuses limites [1], mais il reste un des plus élaborés.

Travailler tous, consommer mieux, se civiliser

Que retenir de tout cela ? En premier lieu, qu'aux États-Unis et au Canada, mais aussi dans de nombreux autres pays, des chercheurs ont élaboré des indices variés permettant de mettre en scène d'autres manières de représenter les évolutions de notre société et que ces tentatives ont pour la plupart été

1. Recensées dans le débat déjà cité, *Travail et emploi*, n° 93, janvier 2003.

soutenues par de grandes associations, des *think tanks,* des universités, des fondations, des laboratoires de recherche... Cela n'a pas été le cas en France, comme nous l'avons vu, à l'exception du BIP 40. Cet indice, élaboré par des économistes et des statisticiens proches du Réseau d'alerte sur les inégalités, est la synthèse de six sous-indices couvrant l'emploi et le travail, les revenus, la santé, l'éducation, le logement et la justice. C'est le seul indicateur synthétique que des chercheurs se soient risqués à produire, comme si les audaces avaient été freinées à la fois par les résistances des instituts économiques et statistiques, l'absence d'intérêt des partis politiques, l'insuffisance des mouvements citoyens.

La seconde conclusion qui doit susciter notre réflexion, c'est que, alors que le PIB n'a cessé d'augmenter, on observe une évolution au mieux stable mais le plus souvent en régression, de tous les indicateurs alternatifs ou complémentaires, comme si le bien-être diminuait depuis le milieu des années 70. Ainsi ces indicateurs permettent-ils de conforter le sentiment que l'augmentation de la croissance et de la consommation ne s'accompagne pas toujours de gains de bien-être. Les classements auxquels aboutissent les comparaisons internationales sont par ailleurs édifiants : ce sont les pays qui consentent les plus gros efforts pour protéger leurs ressources naturelles, qui mettent tout en œuvre pour maintenir une certaine égalité des conditions de vie, qui opèrent une redistribution massive des revenus et qui permettent à toute la population active d'accéder à l'emploi tout en reconnaissant la valeur du temps familial, domestique et de loisirs qui occupent les premières places des palmarès. Les pays nordiques y caracolent en tête. La capacité des indicateurs synthétiques à être déclinés en plusieurs sous-indices permet également de voir à quoi est due la dégradation de l'indice général. Ainsi, dans le cas de l'indicateur de bien-être économique d'Osberg et Sharpe, la dégradation des vingt dernières années apparaît-elle clairement due à la dégradation de l'indice de sécurité économique et notamment au recul de l'indemnisation du chômage et à la montée de la monoparentalité.

Le programme politique qui découle de l'analyse de ces indicateurs est clair. C'est celui qu'indiquait déjà le Rapport mondial sur le développement humain de 1998 : il nous faut opérer une redistribution entre les consommateurs à hauts et bas revenus, abandonner les produits et procédés de production polluants, favoriser les marchandises donnant une place aux producteurs pauvres, faire en sorte que la consommation ostentatoire laisse place à la satisfaction des besoins essentiels.

La contradiction avec le programme politique défendu et mis en œuvre par le premier gouvernement de Nicolas Sarkozy saute aux yeux : le discours visant à travailler plus, produire plus et gagner plus pour consommer plus semble en totale contradiction avec un projet de société consistant à produire, consommer, travailler mieux et tous, et à reconnaître l'importance du temps consacré aux proches et au débat démocratique.

D'où ma première question sur les intentions du président de la République : s'il a fait cette proposition, alors qu'il se dit entouré des meilleurs conseillers et qu'il connaissait donc parfaitement les résultats de ces travaux, quel objectif poursuivait-il en souhaitant voir développés de nouveaux indicateurs de croissance ? Veut-il vraiment que soient mis en place des indicateurs qui marqueront des évolutions négatives chaque fois que des cadeaux fiscaux seront faits aux plus riches et que les inégalités progresseront ? Souhaite-t-il vraiment que le temps de loisir soit valorisé positivement et vienne grossir le PIB ? Est-il d'accord avec le fait que les usines polluantes doivent être fermées et que les politiques publiques doivent toujours mieux couvrir les risques ? Si oui, il aurait été cohérent qu'une profonde inflexion de son programme ait été annoncée en même temps que son souhait de voir mis en œuvre de nouveaux indicateurs. Et s'il est vraiment prêt à cette révolution, plus que la mise en place d'une nouvelle commission, ce sont sans doute un discours radicalement nouveau et des actes en rupture avec la politique des premiers mois de son quinquennat qui en témoigneront.

Forums démocratiques et commission d'experts

J'en viens à ma seconde question, celle qui concerne la méthode adoptée par le président de la République pour choisir de nouveaux indicateurs de croissance. C'est un gage évident de grande qualité que des prix Nobel d'économie, aussi ouverts que Sen ou Stiglitz, aient été choisis pour animer la commission dont le président de la République a souhaité la réunion. Elaborer un nouvel indicateur ou une nouvelle batterie d'indicateurs suppose en effet des compétences techniques et une expertise économique pointue. Mais l'essentiel n'est pas là.

Si de nombreux économistes – et les institutions publiques où ils exercent – se sont le plus souvent déclarés réticents à la mise en place de tels indicateurs, on l'a dit, c'est parce qu'ils se heurtent à la question de savoir qui peut décider légitimement des critères à prendre en considération pour déterminer ce qu'est une « bonne » société ou pour qualifier ses évolutions. Qu'est-ce que qu'une société riche ? Une société qui produit beaucoup en ne faisant participer qu'une petite partie de la population ? Une société qui répartit bien ses revenus, qui donne accès à tous aux principales ressources, qui équilibre ses temps entre les tâches rémunérées et les tâches de soins ? Qui va décider de cela ? Sommes-nous prêts à admettre que le fait même d'être en société nous importe et que la cohésion de cette société constitue un bien commun ? Beaucoup d'économistes en doutent. Et s'interdisent même de parler de « la société », voyant dans cette expression une abstraction dangereuse et refusant a fortiori de qualifier la société ou ses évolutions.

Faut-il contourner le problème en abandonnant toute référence à un possible accord collectif sur les éléments constitutifs d'une société bonne et s'en remettre à l'économie du bonheur qui s'appuie sur l'analyse des données subjectives et de la satisfaction exprimée par les individus ? Ses développements récents [1] nous ont certes apporté des informations essentielles et notamment celles-ci : la satisfaction individuelle dépend fortement du niveau de revenu d'un pays relativement à celui des autres, de la situation antérieure de la personne ainsi que de celle de ses voisins ou de ses contemporains ; ses rendements sont décroissants au-delà d'un certain niveau de revenu. Mais ces méthodes d'approche du bien-être, comme celles que recense le récent Panorama de la société de l'OCDE [2], désormais très ouvert à ce type

1. Voir notamment l'exposé extrêmement clair de Claudia Senik dans *Un bilan de la réalité française à l'aune européenne*, CAS, 29 octobre ; A. Clark, C. Senik : « La croissance rend-elle heureux ? La réponse des données subjectives », Ecole d'économie de Paris, WP n° 6, 2007 et Note de veille du CAS, n° 91, février 2008.

2. Cf. chapitre 2, « La mesure du bien-être : quel rôle pour les indicateurs sociaux ? », dans *Panorama de la société*, OCDE, 2006 et l'intervention d'Enrico Giovannini au CAS, dans *Un bilan de la réalité française, op. cit.*

de recherches au point qu'après avoir rappelé qu'il est interdit d'agréger les préférences individuelles, il propose un indicateur synthétique [1], ne doivent pas nous empêcher de progresser sur la question de la normativité. On serait plutôt enclin ici à proposer des travaux complémentaires qui permettraient d'enrichir des hypothèses normatives par la prise en compte de mesures de la satisfaction ou de résultats de consultations publiques à l'instar des conférences de consensus qui permettent de confronter dires d'experts et expériences des individus, de manière à procéder par action/correction dans l'élaboration de l'indicateur. Il s'agirait là d'un exercice de démocratie qui a directement à voir, en tant que méthode, avec certaines des hypothèses normatives (notamment celle selon laquelle la densité du lien social parlé et de la parole politique peuvent améliorer la capacité d'une société à s'inscrire dans la durée).

1. « Globalement, les indicateurs sociaux fournissent des informations sur un certain nombre d'aspects du bien-être qui semblent aller au-delà de ce que donne le PIB. Toutefois, leur principale faiblesse est que, faute d'accord sur la manière de les agréger, ils ne permettent pas une représentation globale du bien-être. On peut cependant construire une mesure synthétique simple en normalisant puis en agrégeant les 16 indicateurs décrits plus haut en un indice composite permettant la comparaison entre les différents pays », *op. cit.*, p. 22. Voir aussi les travaux engagés au niveau européen (notamment la conférence « Beyond GDP – Mesuring progress, true wealth and the well-being of nations », en 2007) et l'initiative « Mesurer et favoriser le progrès des sociétés » dont l'OCDE est le chef de file.

Ainsi, loin d'accepter comme un interdit universellement valable le fameux théorème selon lequel l'impossibilité d'agréger les préférences individuelles empêcherait à tout jamais une collectivité de décider ce que sont pour elle les ingrédients d'une bonne société, nous devons au contraire tout mettre en œuvre pour progresser dans cette voie, organiser le dialogue entre les experts et les citoyens, faire s'exprimer les individus sur leurs préférences collectives, comme le proposent Fleurbaey et Gaulier [1].

Car, comme le défend Axel Honneth, si nous sommes capables de désigner certaines évolutions de la société comme pathologiques, c'est bien parce que nous nous référons à des principes éthiques et à des normes et que nous sommes capables d'expliciter les critères d'une vie réussie [2]. Et si nous sommes capables de cela, nous sommes aussi en mesure – et c'est bien ce qui fait notre condition d'êtres politiques –, de discuter ensemble des conditions sociales

1. M. Fleurbaey et G. Gaulier, « International Comparisons of Living Standards by Equivalent Incomes », WP CEPII n° 3, janvier 2007.

2. Ce qui doit prévaloir et former le cœur de la normalité de la société, indépendamment de toute culture, ce sont les conditions qui garantissent aux membres de cette société une forme inaltérée de réalisation de soi. Voir A. Honneth, « Les pathologies du social. Tradition et actualité de la philosophie sociale », dans A. Honneth, *La Société du mépris*, La Découverte, 2006.

de l'autoréalisation des individus, de définir leurs caractéristiques et de nous accorder, dès lors, sur les ingrédients d'une société susceptible d'être tenue pour bonne. Pour nous y aider, nous avons sans doute besoin d'économistes, mais certainement aussi de chercheurs de toutes disciplines et surtout des citoyens eux-mêmes. Le débat démocratique et la participation de tous les citoyens constituent un élément essentiel dans la quête de ce que sont les ingrédients et les critères d'une société qui permette à tous ses membres de devenir pleinement des sujets toujours plus civilisés. Nous n'avons pas besoin du « dictateur bienveillant » de l'économie pour nous le dire.

Dès lors, les choses paraissent claires : si la commission mise en place par le président de la République est constituée de la fine fleur de l'élite économique mondiale et se réunit en chambre pour nous délivrer sa formule magique, gageons que celle-ci, quelle que soit sa perfection technique, ne nous sera d'aucune utilité, incapable qu'elle sera de rendre visibles les malaises de notre civilisation. En revanche, si, réunissant des savants de toutes disciplines, elle parvient à mettre en place les conditions d'une délibération publique éclairée et permet aux experts d'être les médiateurs du dialogue dont la société a aujourd'hui besoin avec elle-même pour concevoir les politiques publiques et les évaluer, mais aussi pour aider les citoyens à formuler ensemble les contours de la société dans laquelle ils voudraient vivre, alors cette commission nous aura permis de faire un pas important dans la résolution de nos maux.

QU'EST-CE QUE LA RICHESSE ?

Qui s'interroge aujourd'hui sur ce qu'est la richesse ? Nous vivons de mots et d'apparentes évidences. Certes, nous savons qu'il y a dans notre société des riches et des pauvres, que les inégalités de revenus et de patrimoine vont croissant. Nous savons que le pauvre, au moins en France, est défini comme celui dont le revenu ne dépasse pas 60 % du revenu médian. Nous savons également que certaines sociétés sont pauvres – celles dont le PIB est faible – et que d'autres sont riches. La France est, par exemple, selon la comparaison des PIB, un des pays les plus riches au monde. Nous serions donc, à la lecture de cet indicateur, une société extrêmement riche, une société au bien-être très élevé.

Bien sûr, nous aurions encore des progrès à faire : pour que notre société soit encore plus riche, il faudrait – et il suffirait – donc que notre taux de croissance soit plus élevé. C'est lui qui fera reculer le chômage et cesser la violence en donnant du travail à tous, qui conduira à une augmentation continue de la consommation et permettra à chacun de réaliser ses désirs. De même que l'on a cru assez longtemps à la loi des débouchés (formulée par Jean-Baptiste Say), selon laquelle tout produit fabriqué ne peut que trouver un acheteur (les crises de surproduction étant impossibles), nous croyons que l'augmentation régulière du taux de croissance du PIB résoudra tous nos problèmes, qu'ils soient individuels ou sociaux. Un grand nombre d'hommes politiques, de journalistes et de commentateurs et, partant, une large partie de la population vivent désormais les yeux braqués sur le taux de croissance du PIB. La croissance est devenue le veau d'or moderne, la formule magique qui permet de faire l'économie de la discussion et du raisonnement.

Il n'est pas dans notre propos de soutenir que la croissance est inutile et de reprendre à notre compte, sans inventaire, les démonstrations controversées du Club de Rome dans son rapport de 1971 (dit Meadows, du nom de son rapporteur), qui plaidait pour une croissance zéro. Mais nous avons le devoir de réinterroger cette notion, de savoir ce qu'elle recouvre, de nous assurer que la croissance est bien l'alpha et l'oméga de tout projet social. Il nous faut démonter le raisonnement et comprendre au terme de quel processus tous les discours politiques sur la bonne société et sur la manière d'améliorer continûment nos relations sociales et notre vie en société ont pu s'en remettre à cette formule magique. Comprendre aussi comment s'est opérée la substitution du moyen (disposer d'un bon niveau de ressources matérielles) aux fins (aménager une bonne société) et comment l'interdit qui pesait sur la chrématistique [1] a pu être détourné au point que la consommation a fini par être érigée en fin sociale majeure, voire, dans les moments de crise, en devoir social.

Qu'est-ce qu'une société riche ? Est-ce simplement une société dont le PIB est très élevé, c'est-à-dire dans laquelle les échanges marchands sont considérablement développés, même si la consommation est extrêmement mal répartie et les écarts de revenus très importants, même si l'accès de tous aux biens premiers n'est pas assuré, même si coexistent dans l'ignorance mutuelle une petite proportion de personnes très riches et de plus en plus de pauvres, même si la violence se répand et que les riches s'enferment dans des ghettos, même si des biens et services de plus en plus nombreux sont payants et si les conditions quotidiennes de vie (le transport, le cadre de vie, la sécurité physique) deviennent de moins en moins supportables, même si la xénopho-

1. Concept aristotélicien : la chrématistique est la science qui s'intéresse à la multiplication de l'argent comme à un processus en soi. On accumule pour accumuler et non pour affecter ses ressources à des emplois déterminés.

bie se développe et si la simple idée d'intérêt général fait sourire ? La réponse est bien évidemment non.

L'exemple des États-Unis est à cet égard parlant : voici l'un des pays les plus riches du monde, mais où l'on compte 33 millions de pauvres (en 1998, *NdE*), où la pauvreté et les inégalités ont considérablement augmenté depuis vingt ans. Le PNUD a publié pour la première fois en 1998 un indicateur de pauvreté dans les pays riches qui place les États-Unis, parmi les dix-sept pays considérés, en dernière position [1]. L'accès aux soins n'y est pas assuré pour tous, la ségrégation sociale y est intense, les riches y vivent repliés dans des microcommunautés aux revenus et aux habitus similaires, les services publics y sont pour partie en déshérence. On y trouve une masse de travailleurs pauvres, et surtout une proportion importante de la population en prison. S'il est vrai que des millions d'Américains vivent aujourd'hui dans des quartiers-forteresses, et, dès lors, que l'on ne peut plus vraiment parler de « société », mais bien plutôt d'une juxtaposition de microcommunautés, cela ne doit-il pas nous inciter à

1. *Rapport mondial sur le développement humain*, 1998 : « Sur dix-sept pays industrialisés, la Suède est celui où la pauvreté humaine, mesurée par l'IPH-2, est la moins répandue, avec une proportion de 6,8 % [...]. Les pays où cette forme de pauvreté est la plus courante sont les États-Unis, avec 16,5 %, l'Irlande et le Royaume-Uni, avec 15,2 % et 15 % respectivement. »

réviser nos idées ? Une société riche, est-ce une société dont le seul lien est réduit à l'échange marchand et à la coexistence sur un même sol ? Et dans une telle société, que peut signifier le taux de croissance du PIB ?

Nous vivons les yeux rivés sur des indicateurs qui nous disent qu'une société riche est une société dont la production est élevée et majoritairement échangée sur un marché. Une certaine théorie économique ose même soutenir que si l'on ne peut changer la situation de l'un (par exemple celle du pauvre) sans « aggraver » la situation de l'autre (par exemple celle du riche), alors nous nous trouvons dans une situation d'optimum social. On peut donc avoir un optimum social dans une société où une petite minorité de personnes riches, qui serait à l'origine d'une grosse production, regarderait la majorité de la population se débattre dans la misère. Mais le PIB ne fait place à aucun autre critère de mesure, à aucune autre valeur : la répartition des biens, le degré de violence, la qualité des services publics, la cohésion sociale...

Il nous faudra revenir sur cette dernière notion, qui n'est que l'avatar de ce que l'on appelait auparavant le lien social. En effet, une bonne société n'est-elle pas d'abord celle où le lien social est fort et dense et, par conséquent, où les inégalités sont peu développées, l'accès aux biens premiers donné à tous, les risques pris en charge de façon commune ? Certes, le degré de cohésion sociale est difficile à mesurer, et plus encore à « fabriquer » : on se souvient des invitations de Rousseau à multiplier les fêtes de village où les citoyens se retrouveraient et se distrairaient ensemble, rendant ainsi vivante leur communauté et plus solides leurs liens, en dehors de toute opération de nature économique. Cela nous fait sourire aujourd'hui. On ne peut pour autant éviter de penser que la force du lien social, c'est-à-dire le sentiment d'appartenir à une même société, liée par des droits et des devoirs, des institutions politiques, des valeurs et une histoire, donc par une solidarité qui doit sans cesse être mise à l'épreuve, est un élément essentiel d'une bonne société, et constitue à l'évidence l'une de ses richesses. Autrement dit, la densité réelle du lien social aussi bien que l'attachement affectif et théorique à l'idée de société et de solidarité constituent des facteurs qu'il faut absolument prendre en compte dans une recherche sur les composants de la richesse sociale.

Intuitivement, et sans doute au terme d'un petit effort de réflexion qui nous ferait sortir de la gangue des mots et des significations dans laquelle nous sommes enfermés, nous serions capables de dire qu'une société vraiment riche est une société dont tous les membres mangent à leur faim, habitent un logement décent, ont accès aux soins, peuvent se vêtir correctement, s'intéressent à la chose publique, une société dont le cadre de vie n'est pas dévasté, dont les ressources naturelles, comme l'eau et l'air, sont protégées, où les libertés publiques et individuelles sont parfaitement respectées, où le niveau d'éducation est élevé et répandu, où l'égalité des conditions est largement réalisée... Or, de tout cela, notre indicateur ne retient rien, puisqu'il ne s'intéresse qu'aux produits et aux services échangeables sur le marché.

1. Le coup de force de l'économie

Aujourd'hui, nous l'avons dit, les économistes ne s'interrogent plus sur ce qu'est la richesse. L'expression est même beaucoup trop « vulgaire », au sens premier du terme, pour eux. Ils utilisent bien plutôt les termes de « préférences » et de « revenu ». Il nous faut pourtant revenir à une époque où les économistes, commençant d'édifier leur science, se sont interrogés sur cette notion et ont décidé, pour longtemps, de sa définition, nous en rendant ainsi prisonniers. Je laisserai de côté les premiers travaux des économistes français, les physiocrates, pour lesquels, on le sait, seule la terre est vraiment source de richesses, car elle seule crée d'une certaine manière du nouveau, *ex nihilo*. Le reste (le travail de la matière ou, pis encore, ce que l'on appellera plus tard les services) n'est que transformation. Je ne m'attarderai pas non plus sur les mercantilistes, pour lesquels la vraie richesse est constituée de métaux précieux qu'il faut accumuler et empêcher de sortir du territoire. Cette époque de l'économie ne contient pas, en effet, l'ensemble des soubassements théoriques qui nous importent pour la suite. Je voudrais plutôt m'intéresser aux économistes pour lesquels la définition de la richesse a, le temps de quelques pages, fait problème, et à ceux qui, poussant plus loin le raisonnement, ont opéré le coup de force dont nous ressentons encore les effets.

Le premier coup de force de l'économie – d'ailleurs opéré en toute bonne conscience et avec des motivations parfaitement compréhensibles – est l'assimilation de la richesse à ce qui est produit et peut être vendu.

Smith avait ouvert le chemin en consacrant l'ensemble de son texte le plus célèbre à la notion de richesse. Mais, bien vite, c'est aux causes de l'accroissement de cette richesse et donc au mécanisme du décuplement de la création de la richesse qu'il s'intéressera. Cette démarche de réduction opérée par l'économie apparaît le plus clairement chez l'un de ses disciples, Malthus.

Théologie négative de la richesse

Il faudrait citer l'ensemble de l'extraordinaire texte [1] de Malthus consacré à la richesse, le méditer

1. T. Malthus, *Principes d'économie politique considérés sous le rapport de leur application pratique*, Calmann-Lévy, coll. « Perspectives économiques », 1972, chapitre I.

longuement, comprendre pourquoi un jour il a fallu opter pour cette définition-là de la richesse, et mesurer combien elle nous encombre aujourd'hui.

Malthus naît en 1766, dix ans avant la publication des fameuses *Recherches sur la nature et les causes de la richesse des nations* de Smith. En 1820, il publie les *Principes d'économie politique*, dont le premier chapitre est consacré à la question de la richesse, et plus précisément à celle de sa définition. Il s'agit d'un texte extrêmement précieux, car il déroule devant nous, de manière presque naïve, le raisonnement que les économistes ne prendront plus la peine d'expliciter par la suite, ou qu'ils occulteront, considérant que ces questions ne relèvent pas de leur discipline. Malthus ose donc se demander ce qu'est la richesse et ouvre en quelque sorte devant nous la boîte noire ou les offices de la science économique.

Relisons ce texte : « Parmi les sujets qui ont donné lieu à de nombreuses discussions entre les économistes, la définition de la richesse n'est pas un des moins remarquables. Une telle différence d'opinion n'aurait pu s'élever si cette définition eût été évidente et aisée ; mais, en réalité, plus on examine le sujet, plus il paraît difficile, et même impossible d'en adopter une qui soit à l'abri de toute objection [...]. Parmi les auteurs qui ont donné une définition réfléchie de la richesse, et ceux qui ont attaché à ce mot un sens qu'il faut déduire de l'ensemble de leur ouvrage, il en est qui ont trop restreint le sens de ce terme, tandis que d'autres lui ont donné trop d'extension. Les économistes [les physiocrates français] se distinguent surtout parmi les premiers ; ils n'admettent d'autre richesse que celle qui vient du produit net de la terre ; par là, ils ont diminué de beaucoup le mérite de leurs recherches, dans le rapport qu'elles ont avec l'acception la plus familière et la plus usuelle qu'on donne au mot richesse. »

On notera ici l'usage subtil que Malthus fait du sens commun : il cherche une définition exacte et passe un certain nombre d'auteurs en revue ; mais ce qui le guide, c'est en réalité le sens commun, cette vague idée de ce qu'est la richesse que nous sommes tous censés partager.

Voici maintenant les « extensifs » : « Parmi les définitions qui donnent au mot richesse un sens trop étendu, celle de lord Lauderlale peut servir d'exemple. Selon lui, la richesse est "*tout ce que l'homme désire comme lui pouvant être utile ou agréable*". » Remarquons immédiatement ici que la nature de cette richesse n'est pas précisée : est-ce celle d'un individu, celle d'une nation ? Il semble s'agir de la richesse en général. Pourquoi donc cette définition est-elle trop extensive ? « [Elle] embrasse évidemment toutes les choses, matérielles ou intellectuelles, tangibles ou non, qui procurent de l'utilité ou des jouissances à l'espèce humaine ; elle comprend par conséquent les avantages et les consolations que nous retirons de la religion, de la morale, de la liberté politique et civile, de l'éloquence, des conversations instructives et amusantes, de la musique, de la danse, du théâtre et d'autres services et qualités personnels. »

Arrêtons-nous ici un court instant. On remarquera que cette énumération est faite d'un point de vue général. Malthus, interprétant Lauderdale, parle du point de vue de l'espèce humaine, d'un « nous » qui recouvre le genre humain. Il énumère en quelque sorte les conditions de bonne vie et, partant, du bonheur de l'espèce humaine. En quoi consistent-elles ? On note que l'énumération de Malthus n'est pas exhaustive : il ne s'agit pas pour lui de citer l'ensemble des conditions qui constituent à terme le bonheur. Malthus n'indique ici qu'un certain nombre d'entre elles, les plus intellectuelles, les plus « intangibles » et sans doute, serait-on tenté de dire, parmi les plus importantes. On peut classer celles-ci en deux catégories : d'une part, celles qui sont des éléments constitutifs et structurants de la vie individuelle et sociale (religion, morale, liberté politique et civile) : il s'agit en l'occurrence de ce sans quoi (si l'on englobe sous le terme générique de religion les « croyances » ou les « principes de vie ») il ne peut y avoir d'identité individuelle et sociale ; et, d'autre part, celles qui font le « sel de la vie » et contribuent au plaisir et en même temps à la culture, autant d'éléments qui forment l'esprit d'une société : la conversation, la musique, la danse – bref, les arts d'une manière générale.

Malthus cite ces « services et qualités-là » précisément pour les exclure du champ de la richesse. Pourquoi procéder ainsi alors que le sens commun serait plutôt enclin à les y intégrer ? Parce que, précise Malthus, « l'investigation de la nature et des causes de toutes ces sortes de richesses dépasserait évidemment les bornes qui circonscrivent une science isolée, et occasionnerait un tel changement dans l'emploi des termes consacrés par un usage général qu'il en résulterait la plus grande confusion dans le langage dont l'économiste se sert ».

Un impératif, sauver l'économie

Étonnant raisonnement... On nous propose d'abord une recherche sérieuse, dénuée de préjugés et soucieuse du bon sens, et voilà que les deux arguments qui nous sont ici présentés ne concernent que l'extérieur du problème, en l'occurrence les difficultés de méthode auxquelles seraient confrontés nos économistes. D'abord, cette science si humble et si isolée ne serait pas capable de dresser un *inventaire* (le terme est essentiel) de tous ces qualités et services, de ces ingrédients qui font une société heureuse et bonne. Ensuite, nous dit-on, si l'on adoptait cette convention – car c'est bien d'une convention qu'il s'agit, puisqu'il est question de dire en quoi consiste la richesse, de fixer une fois pour toutes sa définition et son champ –, alors le langage de l'économiste en serait bouleversé. Le second argument n'est au demeurant pas très clair : on ne sait pas très bien qui va s'embrouiller, du sens commun qui verra ses concepts habituels transportés dans la science économique (au risque de ne pas s'y reconnaître) ou de l'économiste qui sera obligé de manier des qualités.

Malthus tente de s'en expliquer (mais la chose n'est pas aisée) : « Il serait impossible de juger de l'état d'un pays en l'entendant appeler riche ou plus riche. » Voilà un indice intéressant : il s'agit de la richesse d'un pays, ou, comme l'aurait dit Smith, sur les traces duquel marche Malthus, d'une nation. Pourquoi diable serait-il alors impossible de porter un jugement sur une nation en l'entendant appeler « riche » ou « plus riche » ? « On pourrait, d'après cela, prétendre que la richesse d'une nation s'augmente, tandis qu'aux yeux de tous, et selon le langage adopté par tous, cette même nation s'acheminerait à grands pas vers un appauvrissement rapide de ses ressources. » On continuera de remarquer l'emploi étonnamment pervers que fait Malthus du sens commun. Car, si nous avions tous adopté cette définition de la richesse comme l'ensemble de « ce que l'homme désire comme pouvant lui être utile ou agréable », nous ne pourrions pas en même temps constater de nos propres yeux que le pays est en train de s'appauvrir, sauf à partir d'une autre définition... Laissons là pour le moment ce vice de raisonnement.

Malthus soutient donc ici que, d'une certaine manière, la vraie richesse, ce sont d'abord les ressources matérielles du pays. Il prête également cette idée au sens commun, et c'est elle qui sous-tend toutes les étapes de son raisonnement en jouant le rôle d'un véritable *préjugé* (d'un jugement formé avant même la procédure de jugement) : la richesse, ce ne sont pas ces choses intangibles et plaisantes, ou même les croyances, les lois, la liberté civile, les arts, la morale... Ce sont bel et bien les ressources matérielles. Il s'en explique d'ailleurs : « Cet inconvénient se ferait sentir, d'après la définition donnée, si une diminution des produits manufacturés et échangeables était balancée, dans l'opinion de quelques personnes, par les jouissances provenant des acquisitions intellectuelles, des différentes qualités et services personnels des habitants d'un pays. Mais comment établir cette balance ? Comment est-il possible de soumettre à une appréciation exacte le degré de richesse issue de pareilles sources ? Il est évident que nous ne pouvons aborder, sous le point de vue pratique, aucune discussion sur l'accroissement relatif de la richesse chez les différentes nations si nous n'avons un moyen quelconque, quelque imparfait qu'il soit, *d'évaluer la somme de cet accroissement.* »

Voilà encore un argument et un raisonnement curieux. Pourquoi poser la question en termes de balance, de comparaison ? Pourquoi ne pas en venir directement au fait essentiel, qui est en effet que Malthus tient pour impossible de quantifier ces qualités, et plus précisément de les inventorier, et ensuite – ce qui sera le problème des économistes par la suite –, de comparer des préférences, des intensités, des jugements sur l'intérêt ou non de disposer de telles ou telles qualités, de tels ou tels services. Comme si l'économie restreignait immédiatement son champ au minimum vital, à ce qui est considéré par tous comme la ration des choses nécessaires à la vie. En réalité, selon Malthus, ce n'est pas le problème de la comparaison des goûts et des préférences qui constitue l'obstacle principal à la définition extensive de la richesse, mais bien la difficulté d'évaluer, c'est-à-dire de donner un équivalent-prix à ce qui n'est pas matériel.

L'argument principal est en effet le suivant : un produit qui a une matérialité, une tangibilité, même s'il n'a pas fait l'objet d'un échange, peut toujours être apporté au « prochain marché », et l'on saura ainsi sa valeur ou son prix. Alors que l'ensemble des talents d'un individu, par exemple, qui lui procurent ainsi qu'aux autres de nombreuses jouissances, ne peuvent pas être évalués de cette manière, en particulier parce qu'on ne peut pas calculer leurs frais de production. Il y a là un vice de raisonnement qui vient certainement de l'hésitation, chez Malthus, entre une théorie de la « valeur travail » (la valeur vient du travail incorporé) et de la « valeur utilité » (la valeur est fixée par le marché), et en dernier ressort de son choix pour la première. Un produit matériel pourra toujours étaler les frais de production dont il est en quelque sorte composé. Et s'il y a hésitation, on le portera au marché. Mais que sont les frais de production pour les talents, pour les savoirs ? Au lieu d'imaginer qu'on pourrait tout simplement évaluer la valeur du savoir d'un professeur ou d'un médecin en mettant leurs services sur le marché, Malthus s'attarde sur la différence de résultats que peuvent entraîner des éducations (donc des frais de production) identiques : « Quant à l'éducation générale reçue par les plus hautes classes de la société, vouloir la soumettre à une appréciation exacte serait une tentative parfaitement ridicule [...]. Par rapport à la somme totale de ses résultats, il n'existe aucun moyen d'en rectifier l'estimation d'après leurs frais de production, en prenant pour base leur valeur courante. »

Laissons pour l'instant de côté ce qui apparaît aujourd'hui comme un « archaïsme » de Malthus, qui n'aurait pas encore compris la théorie future de la valeur utilité [1]. Ce n'est pas fondamentalement cette théorie de la valeur travail qui fait obstacle à

1. Selon laquelle la valeur d'un bien ou d'un service est déterminée par l'intensité du désir ou de la demande de ce bien, ou encore par son « utilité ».

l'adoption d'une conception extensive de la richesse. C'est, plus profondément, le préjugé que ce qui compose réellement la richesse d'une société est un ensemble de ressources consommables par les membres du pays ou échangeables, c'est-à-dire, grossièrement, des ressources matérielles qui soit vont permettre directement à la nation de vivre ou de survivre (manger, construire, se vêtir, rendre les conditions de vie plus confortables, aménager la nature), soit seront vendues à d'autres pays et fourniront ainsi de la richesse sous la forme de monnaie. Le reste relève du luxe ou du superflu.

Telle est bien la manière dont Malthus présente ces talents, ces qualités ou ces savoirs : comme des façons pour les riches d'utiliser leur richesse, des afféteries que les riches peuvent précisément se payer, des consommations qui viennent après les consommations nécessaires. Le savoir est ainsi traité non pas comme une source de richesse – un élément du « capital humain » –, mais comme un luxe que l'on peut, quand on en a les moyens, s'acheter. L'argument principal utilisé par Malthus, selon lequel la richesse est constituée simplement des objets matériels et exclut les objets immatériels parce que la science économique, qui se veut exacte, n'est pas capable de les évaluer [1], est en réalité second et subordonné à un

1. « Le fait est véritablement que, si l'on ne tient pas compte de la matière en définissant la richesse, il n'est possible d'établir aucune ligne de démarcation distincte, ni de la tracer avec

autre : la vraie richesse d'une nation, en 1820, celle dont les habitants du pays ont vraiment besoin, est constituée des éléments de base permettant la reproduction des conditions de vie de la population. Dès lors, la conclusion s'impose : la section I du *Traité*, intitulée « Des définitions de la richesse », se termine par ces mots : « Un pays sera donc riche ou pauvre selon l'abondance ou la rareté des objets matériels dont il est pourvu relativement à l'étendue de son territoire ; et un peuple sera riche ou pauvre selon l'abondance ou la rareté de ces mêmes objets relativement à la population [1]. »

Qu'est-ce qu'un « travail improductif » ?

Ayant abandonné – en apparence – la question de la richesse, Malthus y revient pourtant très peu de

---

quelque profondeur ; on doit alors en exclure cette masse d'objets immatériels qui rendent la signification du terme entièrement confuse et imposent l'obligation de ne jamais parler, avec quelque précision, de la richesse des différents individus ou des différentes nations. Si donc, avec M. Say, nous voulons faire de l'économie politique une science positive fondée sur l'expérience et susceptible de donner des résultats précis, il faut prendre le plus grand soin d'embrasser seulement, dans la définition du terme principal dont elle se sert, les objets dont l'accroissement ou la diminution peuvent être susceptibles d'évaluation ; et la ligne qu'il est le plus naturel et le plus utile de tracer nettement est celle qui sépare les objets matériels des objets immatériels. »

1. T. Malthus, *op. cit.*, p. 14.

temps après, dans la section suivante, intitulée « Du travail productif », ce qui d'ailleurs n'est pas surprenant, puisque le travail productif est précisément défini comme le travail qui produit de la richesse : « La question du travail productif est intimement liée à la définition de la richesse. » Mais on voit dans ce court chapitre combien sa tâche se révèle compliquée, car il s'agit bien là d'un véritable cercle vicieux, le travail productif n'étant défini que par rapport à la définition précédente de la richesse, mais posant *de facto* la question de ce qui est créé par le travail dit improductif.

La section suivante est en effet consacrée à résoudre l'imbroglio du travail improductif. Qu'est-ce qu'un travail improductif, et que produit-il ? Rien ? Malthus s'empêtre : il propose une classification des différents genres de travaux qui lui permettra de sauver ce qu'il veut à tout prix sauver : le caractère scientifique de l'économie. La plupart de ses démonstrations s'achèvent par une antienne : « [...] si l'on veut éviter d'introduire beaucoup de confusion dans la science de l'économie politique ». La peur de la confusion et la volonté de scientificité sont ici trop pressantes pour qu'il ne faille pas nous interroger sur ce qu'elles cachent.

Un long développement est consacré à l'éducation : de quelle nature sont ces dépenses ? Serventelles à entretenir un capital ? Que se passe-t-il si ces frais d'éducation ne servent pas à entretenir un capital matériel ? Peut-on établir une différence de nature entre des dépenses selon qu'elles vont s'appliquer à un capital matériel ou immatériel ? La question n'est pas véritablement réglée. Elle réapparaît quelques lignes plus loin avec l'exemple désormais classique du travail des domestiques. Est-il vraiment improductif ? Et, là encore, est-on sûr qu'il ne contribue pas indirectement à accroître les richesses ? Une fois de plus, Malthus nous met en garde : si l'on tenait pour productif tout travail qui, de façon indirecte, stimule la production des objets matériels, il n'y aurait plus aucun discours sensé possible. Donc : « Quoiqu'il soit avéré que les services personnels sont un aiguillon actif pour la production de la richesse, on ne pourra jamais prétendre qu'ils y ont une part directe. » Sinon, « le mot [de richesse] cesserait d'avoir une signification claire et utile ».

L'ensemble du texte de Malthus est extraordinaire parce que l'on voit bien combien la démonstration était peu convaincante : aucune preuve ne nous est administrée, bien au contraire. Il s'est agi d'une pure opération de persuasion assortie d'une menace. Si nous n'adoptons pas cette convention, si nous ne nous arrêtons pas à ce point de vue, c'en sera fini de tout discours rationnel possible. Non seulement nous ne pourrons plus calculer l'accroissement de notre richesse, mais les mots perdront leur sens, n'importe qui pourra dire n'importe quoi. Il y a là une double entreprise théorique et pratique.

Théorique : la science économique doit désormais constituer notre cadre de référence stable, la condition de possibilité de nos calculs et de nos discours, et c'est cela qui importe. Pratique : cessons les discussions oiseuses, ce qui compte, nous le savons bien au fond, c'est la richesse matérielle, les produits matériels tangibles que l'on peut utiliser soit directement, soit pour la production d'autres biens matériels, ou encore que l'on peut vendre, échanger contre d'autres biens matériels.

Dernier soubresaut de mauvaise conscience : à la fin de cette interrogation qui accepte de se montrer dans sa fragilité et expose tous les ressorts intimes d'une pensée qui se débat, Malthus fait une dernière fois place à l'argument d'autrui : comment peut-on appeler productif le travail du commis d'un marchand et improductif le travail d'un commis employé par le gouvernement, alors que c'est le même travail ? Écoutons l'économiste, encore humble, un peu pataud : « Si un employé du gouvernement fait exactement le même genre de travail que le commis du marchand [...], il doit être regardé comme un ouvrier productif ; et c'est un des nombreux et fréquents exemples d'ouvriers qui sont toujours ou parfois productifs, et qui appartiennent à des classes de la société dont le plus grand nombre peut, à juste titre, être regardé comme improductif. Ces sortes d'exceptions doivent par conséquent se rencontrer souvent [sic], non seulement parmi les salariés du gouvernement, mais aussi dans toute la classe des gens à gages et dans tous les autres états de la société. Il n'y a presque personne qui ne fasse quelquefois un travail productif ; et la ligne de démarcation qu'Adam Smith a tracée entre le travail productif et le travail improductif peut être très réelle, quoique les dénominations qu'il a données aux différentes classes de la société, fondées sur ce qui en fait le caractère saillant, soient nécessairement inexactes par rapport aux occupations de quelques individus. » On ne peut pas mieux reconnaître que la démonstration qui vient de nous être administrée n'a absolument aucune valeur...

Ce qui a une valeur n'a pas nécessairement un prix

Ce qui nous intéresse au plus haut point, outre les efforts désespérés de l'économiste pour prouver quelque chose de manifestement faux, c'est la conclusion à laquelle l'argumentation aboutit. Le premier volet est clair désormais : en dépit des failles de la démonstration (et c'est la raison pour laquelle, à côté d'un appareil démonstratif apparemment scientifique, Malthus n'a cessé d'en appeler à notre intuition et à notre expérience quotidienne), nous savons que la richesse est constituée par les biens qui permettent de répondre à nos besoins physiques les plus pressants. Et c'est finalement pourquoi tout le reste, les travaux des moralistes, des législateurs, des chanteurs, des serviteurs, des professeurs, des médecins, sont certes intéressants, mais comptent pour bien peu, puisqu'ils ne satisfont pas nos besoins de base.

Le second volet est, d'une certaine manière, plus intéressant encore, car il nous montre comment Malthus tente de se débarrasser définitivement de cette question décidément bien ennuyeuse. Les travaux du moraliste, du législateur et de tous ceux qui unissent leurs efforts pour établir un « bon gouvernement » (c'est le terme même employé par Malthus) peuvent bien aider à augmenter la production, et c'est en fonction de cette contribution qu'on les jugera. Cependant, s'ils ne sont presque rien dans l'ordre de la production, cela ne signifie pas qu'ils n'aient aucune valeur. « Quant à leur influence sur des sources de bonheur autres que celles qui proviennent d'objets matériels, conclut Malthus, il serait plus exact d'en faire une classe à part, en les rangeant avec des choses dont plusieurs ne peuvent, sans le plus grand abus, être mises au rang des objets grossiers dont se compose la richesse des nations. Estimer la valeur des découvertes de Newton ou les jouissances causées par les productions de Shakespeare et de Milton par le prix que leurs ouvrages ont rapporté, ce serait en effet une bien chétive mesure du degré de gloire et de plaisir qui en est résulté pour leur patrie ; et ce serait une idée non moins grossière et ridicule de calculer les bienfaits que l'Angleterre a retirés de la Révolution de 1688 d'après la solde et les autres dépenses qui ont été faites pour l'accomplir. »

On passe donc, on le voit, à un tout autre ordre d'argumentation. Même si les raisonnements concernant la différence entre le travail productif et le travail improductif sont approximatifs, l'essentiel est là : il y a différents ordres de réalité et de valeur. D'un côté, les choses nécessaires, les biens permettant la satisfaction des besoins physiques élémentaires, qui sont toujours des ressources matérielles et qui ont un prix, qui seront appelés richesses. De l'autre, des satisfactions, des sources de bonheur différentes, des signes de puissance aussi pour une nation, mais qui appartiennent à un autre ordre, qu'il serait même déraisonnable de mélanger ou de confondre avec la première espèce ; des choses ou des actions qui n'ont pas de prix, mais une valeur. Celles-là n'entrent pas dans la définition traditionnelle de la richesse.

Tout se passe donc comme si, à travers ce texte, l'économie en avait enfin fini avec cette question trop lourde pour elle. La voilà avec un champ précisément circonscrit : la vraie richesse, c'est ce qui peut se compter et ce qui satisfait les besoins premiers des individus. Ce sont ces biens qui permettent simplement de vivre, de satisfaire les besoins élémentaires des hommes, voire d'améliorer chaque jour leurs conditions matérielles de vie. Il existe, dit Malthus, d'autres sources de bonheur, d'autres besoins peut-être ; mais leur satisfaction, soit parce qu'elle est plus personnelle, soit parce qu'elle est secondaire, surtout parce qu'elle est immatérielle, ne peut en aucune manière faire l'objet d'un décompte, d'une mesure. On retrouvera plus tard, lorsqu'il sera question de la nature de l'indicateur de richesse, ces interrogations sur le bonheur ou le bien-être. Mais, en 1820, à l'époque où l'industrialisation laisse entrevoir l'étendue de ses potentialités, où il apparaît que les ressources matérielles peuvent être considérablement augmentées et améliorer comme jamais auparavant les conditions de vie des hommes, ce sont ces biens-là, matériels et appropriables, qui constituent le contenu officiel de la richesse.

Il est à la fois intéressant et paradoxal de constater que cette même conception, selon laquelle l'économie doit mesurer les éléments de la puissance d'une nation (sa production de ressources nécessaires à la vie), va inspirer les concepteurs du système de comptabilité nationale qui est encore le nôtre aujourd'hui.

La comptabilité nationale, héritière du XIXe siècle

Le système de comptabilité nationale est conçu entre 1945 et 1952. Il est l'œuvre de quelques individus dont François Fourquet a dressé le portrait dans *Les Comptes de la puissance*. Ce système est tout entier conçu, démontre Fourquet, comme une réponse – et un antidote – au prétendu « malthusianisme » de la France d'avant-guerre, malthusianisme et frilosité qui auraient conduit, selon les propos de nos réformateurs, à une forme de repli, de décadence et, enfin, à l'humiliation que l'on sait : « Les narrateurs, écrit Fourquet, ont presque tous détesté le désir malthusien d'une France décroissante et vieillissante depuis un siècle : ils ont ressenti profondément la vibration douloureuse de la défaite ; et, qu'ils soient patriotes ou internationalistes (ou les deux), ils ont travaillé pour que la France devienne une grande puissance "moderne et vigoureuse" [1]. »

En quoi le système de comptabilité nationale est-il un antidote au malthusianisme (dans l'interprétation « populaire » de ce terme) ? En ceci qu'il met en évidence, dans son articulation même, le rôle décisif de l'État, des dépenses publiques, du multiplicateur keynésien [2], et surtout de la croissance. Le système de comptabilité nationale français est tout entier fait, précisément comme le souhaitait Malthus, pour calculer, d'une année à l'autre, l'augmentation de la richesse de la nation, c'est-à-dire l'augmentation de

---

1. F. Fourquet, *Les Comptes de la puissance. Histoire politique de la comptabilité nationale et du plan*, Encres, Éditions Recherches, 1981, p. XIX.

2. Dans la théorie keynésienne, le multiplicateur est tel qu'une dépense supplémentaire d'investissement entraîne une hausse du revenu national supérieure à la dépense initiale.

la production nationale. Il faut rapprocher le texte de Malthus et sa conclusion « matérialiste », au sens où elle est formulée en termes de ressources matérielles, du concept de production qui est au centre du système de comptabilité nationale. Ce qui intéresse les hommes qui mettent en place ce système, c'est bien le mécanisme de la croissance : « Ce qui, dans les années trente, scandalise Gruson et Denizet, ce n'est pas le déréglement en soi, c'est la décroissance, c'est l'ignorance et l'impuissance à sortir de la dépression [1]. »

La croissance de quoi ? La croissance de la production. Curieusement, le contenu de celle-ci semble moins les intéresser que la dynamique générale de l'accroissement. C'est le mouvement même d'accroissement, le phénomène de multiplication de la production qui semble avant tout fasciner les inventeurs du système de comptabilité nationale, comme c'est la puissance productive du travail qui fascinait Smith en 1776.

Mais qu'est-ce que la production ? Elle sera conventionnellement constituée, de 1945 à 1976, de la production de biens et services échangés, donc marchands. Elle est définie aujourd'hui comme l'activité économique socialement organisée qui consiste à créer des biens et services s'échangeant habituellement sur le marché et/ou obtenus à partir

1. *Ibid.*

de facteurs de production s'échangeant sur le marché, c'est-à-dire qu'elle inclut, depuis 1976, les services non marchands. Paradoxalement, c'est donc bien exactement la même croyance assimilant la richesse à la production des biens élémentaires qui anime Malthus et les créateurs du système de comptabilité nationale. Il s'agit dans les deux cas de se focaliser sur les éléments de la reproduction des conditions matérielles de vie de la société et de ne pas reconnaître comme richesse la production ou la consommation « inutiles ».

Dans le cas de Malthus, il s'agissait de montrer que ceux qui contribuaient véritablement à la richesse d'une nation, les acteurs essentiels de cette dernière, donc, étaient les manufacturiers et les négociants, et non pas les membres de l'aristocratie et de la cour [1]. Les *Principes* sont, comme les *Recherches* d'Adam Smith, une machine de guerre contre les oisifs, les improductifs, ceux qui n'emploient pas bien leur capital, qui le consomment au lieu de le faire se multiplier. La culture, les bonnes mœurs, la morale, le droit ne sont ici considérés que comme le passe-temps d'une aristocratie qui n'a pas compris où se trouve le ressort de la pro-

1. « On ne pourra pas non plus expliquer d'une manière intelligible la supériorité de richesse des pays qui possèdent beaucoup de négociants et de manufacturiers, comparés à ceux dans lesquels la cour, les gens en place et une aristocratie trop considérable forment les classes prépondérantes. »

duction, et par conséquent entrave la marche de la nation. Ce raisonnement doit à l'évidence être replacé dans son contexte. C'est l'époque où les manufactures marchent à plein, où le progrès technique se développe de façon cumulative, où la richesse est en effet d'abord matérielle, où la pénurie existe et doit donc être combattue par une mobilisation générale de la nation. Pour Smith et, cinquante ans plus tard, pour Malthus, il s'agit de cerner où sont les véritables sources de la richesse pour permettre à l'ensemble des ressortissants de la nation d'y avoir accès. On conçoit qu'à cette époque la science économique qui se construit doive avant tout répondre à un impératif d'exactitude dans la mesure où la tâche qu'elle a à remplir est primordiale : satisfaire les besoins essentiels de tous les hommes du pays. Et on conçoit que ni Smith ni Malthus ne s'arrêtent à des détails comme celui de savoir si la musique et l'éducation sont ou non source de richesse.

Le système qui est mis en place en 1945 joue le rôle que les économistes du XVIIIe et du XIXe siècle entendaient faire jouer à l'économie : cerner précisément les sources de richesse et les circuits qu'elle emprunte de manière à ce qu'elle abonde. On comprend qu'après la déconfiture de la guerre et devant les immenses besoins de reconstruction on ait ressenti la nécessité d'un outil permettant de faire repartir rapidement la production essentielle, celle qui doit satisfaire les besoins fondamentaux des hommes : se loger, se nourrir, se vêtir... On conçoit également que toute l'attention des inventeurs de la comptabilité nationale se soit focalisée sur l'État et son rôle de démultiplication des initiatives privées.

La différence spécifique entre la représentation de la puissance productive au XVIIIe ou au XIXe siècle et celle qui date de l'époque de la mise en place du système de comptabilité s'enracine en effet dans le rôle de l'État : au XVIIIe siècle, l'État est un poids, symbole même de l'inutilité et de l'improductivité. Chez Smith, le « souverain » doit voir sa place réduite au minimum. Dans l'économie politique classique, « l'État est adjacent à la richesse des nations [1] ». Les inventeurs du SCN, eux, ont lu Keynes et ils ont retiré de leur analyse des années trente une conviction : le rôle de l'État n'est pas d'équilibrer, frileusement, les finances publiques. Il est d'insuffler, à travers l'ensemble du système productif du pays, une dynamique positive, il est d'entraîner et de soutenir les producteurs privés et de démultiplier leur puissance et leurs actes : « Croissance planifiée et productivité, voilà le refrain du jour », indique Paxton en soutenant que « c'est sous Vichy que les chantres de la croissance, d'isolés qu'ils étaient, sont devenus la voix du peuple... C'est alors que la conception des nostalgiques a définitivement

1. *Ibid.*, p. 10.

perdu tout crédit. Le rêve d'un vieux pays tenant tête à ses voisins plus fastueux grâce à son équilibre et son esprit d'épargne est presque totalement éclipsé par la conception dynamique d'une France nouvelle qui rivalisera avec les autres puissances par son essor, sa vigueur et sa croissance économique [1] ».

Les différents éléments du puzzle se mettent en place en même temps : volonté de croissance, place éminente réservée à la production, rôle de l'État, lancement du Plan et donc mise sur pied d'une organisation rationnelle et efficace de la production à travers le Plan. Comptabilité nationale et Plan seront confiés dans un premier moment au même organe. C'est l'équipe du Plan, dirigée par Monnet, qui, en 1946, fixe des priorités pour six secteurs de base (énergie, sidérurgie, transports, agriculture, matériaux de construction et machinisme agricole) et qui, en 1947, publie la première méthode de comptabilité économique, intitulée « La comptabilité nationale de la France en 1938, une méthode de comptabilité économique ». La comptabilité nationale est d'abord l'instrument qui permet de cerner les canaux par où la production s'accroît et la manière dont cette production est consommée. La comptabilité nationale est l'instrument qui met en évidence que la richesse de la France n'est autre que

1. *Ibid.*, p. 34.

la production des secteurs fondamentaux de l'économie.

La comptabilité nationale, convention par excellence, dessine en creux le fait qu'à cette époque où la France sort de la guerre exsangue la vraie richesse ne peut être identifiée qu'à la production la plus forte possible des biens de base qui vont permettre la reconstruction du pays : agriculture, construction, énergie, bref : tout ce qui est nécessaire et absolument utile au pays et à la population simplement pour satisfaire ses besoins de base – les services sont intégrés de justesse à ce qui est considéré, en 1945, comme ressortissant vraiment à la production.

Qu'est-ce qu'une société riche ?
Une société qui produit

On aurait pu, dans ce moment d'intense réflexion théorique, s'interroger sur ce qui caractérise la production, sur ce qui fait qu'un élément est considéré comme y appartenant ou pas – et, de ce fait, sur ce qui rend une activité productive ou non productive. On aurait pu aussi, mais sans doute le moment n'était-il pas le bon, remettre en question l'assimilation entre production et richesse. Or ces questions-là n'ont pas été posées. Ou, si elles l'ont été un tant soit peu, la réponse a presque été de soi, malgré, paraît-il, quelques divergences parmi les pionniers. Ce qui est productif, donc ce qui est important, ce qui produit de la richesse (même si ce terme n'est plus employé), ce sont les opérations qui se sont soldées par un échange sur le marché. Par conséquent, la production est l'opération qui permet de créer un bien que quelqu'un s'appropriera sur un marché : « Dans le concept de production, on inclut uniquement les transactions sur le marché des biens et services. S'il n'y a pas vente de produits, il n'y a pas production. » Qu'est-ce à dire ? D'abord, que la richesse n'équivaut qu'à la production : il faut que quelque chose ait été créé, « publicisé », exprimé. Ensuite, il faut que cette production soit présentée à quelqu'un qui se l'approprie : sans présentation sur un marché et sans transaction marchande, pas de production, par conséquent pas de richesse (et, dès lors, l'ensemble des services publics, l'ensemble de la sphère non marchande ne peut être considéré ni comme de la production ni comme un composant de la richesse nationale...).

On sait que cette définition, produit d'un choix éminemment politique, voire anthropologique, se différencie d'autres choix : le système de comptabilité soviétique, par exemple, se rapproche encore plus de la définition « malthusienne » ou originelle de la richesse comme somme de produits tangibles, ressources matérielles appropriables ou consommables par les individus, puisqu'il ne « reconnaît » que les biens, et non les services. C'est l'idée de Malthus selon laquelle seuls les biens tangibles peuvent faire l'objet d'un recensement, d'un comptage, et donc d'un accroissement ou d'une diminution visibles. La France accepte, elle, au contraire de Malthus, dès 1945, de considérer les services comme appartenant à la sphère de la production, mais seulement les services marchands. Ce n'est qu'une vingtaine d'années plus tard que notre système de comptabilité reconnaîtra comme faisant partie de la production – donc comme richesse – les biens et services ne faisant pas l'objet d'une transaction sur le marché, ou du moins dont le prix ne couvre pas nécessairement les frais de production : ce sera l'introduction dans le système de comptabilité nationale de la production non marchande, et la production consistera dès lors dans l'addition de la production marchande, issue du secteur privé, et de la production non marchande, issue des administrations. Jusqu'en 1976, les administrations sont tenues pour « improductives », comme chez Smith, et ce, paradoxalement, alors même que les inventeurs du système voulaient précisément mettre en évidence l'importance de l'État dans la dynamique productive.

On a dit que cette définition de la production (qui excluait les services non marchands), aux débuts du système de comptabilité nationale, avait prévalu en raison de la présence de marxistes au SEEF (Service des études économiques et financières), ancêtre de l'Insee, chargé de la conception du système de comptabilité nationale : la vraie richesse, ce sont les biens matériels, le reste n'est que littérature. Il est clair en toute hypothèse qu'on observe une évidente continuité entre l'époque classique et l'après-guerre, comme l'indique Fourquet : « J'ai senti qu'il y avait en batterie, derrière ces disputes spéculatives, des affects d'origine mystérieuse et une valeur très forte attachée à ce qui est productif : le productif est varié, vivant, actif, fort, dynamique, croissant et tourné vers l'avenir. L'improductif est stérile, pauvre, stagnant ou diminuant, faible, superflu, parasitaire (c'est manifeste chez Smith et chez Marx), tourné vers le passé, protectionniste... »

On voit donc ici, derrière les réformes et les changements, à cent trente années de distance, une continuité évidente dans la construction et le maintien d'un concept de richesse centré sur la production échangeable de biens matériels, et – à contrecœur – de services. Ces cent trente années, si importantes dans l'histoire de nos sociétés modernes, dessinent une notion de la richesse réduite à un seul aspect de la vie en société, c'est-à-dire à la production et à l'échange marchand, peinant à valoriser les services et le non-marchand, négligeant ce qui concerne la répartition des biens et services produits et laissant totalement de côté toute la dimension qualitative, collective et patrimoniale de la richesse.

Le coup de force, me semble-t-il, vient de là : que le dispositif de recensement des ressources mobilisables, conçu d'abord dans une époque où s'offraient pour la première fois de formidables moyens de lutte contre la pénurie (au XIXe siècle), ensuite dans une situation de crise comme celle de l'après-guerre, qui justifiait en effet une approche grossière et une concentration sur les ressorts de l'accroissement des richesses matérielles, soit resté le nôtre et puisse être tenu aujourd'hui pour naturel, alors qu'il est intimement lié aux situations historiques qui l'ont vu naître. Que l'on puisse considérer comme une vérité acquise de toute éternité la production de biens échangeables comme l'unique composante de la richesse sociale, alors qu'il s'agit d'un fait récent et de pure convention, voilà qui doit nous étonner.

Il faudrait comprendre pourquoi ces définitions prévalent encore aujourd'hui. La menace qui pèse sur nous est-elle vraiment la pénurie de biens de base ? La richesse continue-t-elle à être exclusivement issue des biens matériels, ne vient-elle pas également du niveau de savoir et de culture ? Il faut oser dire que nous ne sommes pas en pénurie de biens matériels, que notre société n'est pas globalement en manque de produits de base, mais que c'est bien plutôt la répartition sur l'ensemble de la population de ces biens et services qui fait problème ; que notre société se fissure et s'atomise et que les fonctions de cohésion sociale et de solidarité s'amenuisent sans que rien mesure leur déclin. Dès lors, si nous ne manquons pas de biens matériels, si nos besoins sont certes matériels, mais aussi sociaux, culturels, relationnels, si nos maux viennent d'une mauvaise répartition des biens, si nos besoins sont de mettre en valeur autrement nos patrimoines et nos talents, faut-il conserver le même indicateur grossier qui s'imposait au sortir de la guerre ?

Ou encore, si la richesse ne se définit que par rapport aux dangers que la société encourt – « est productif ce qui crée de la richesse et la puissance d'une nation en guerre. L'économie d'une nation, c'est cette ressource, cette immense réserve de forces qui est derrière le fer de lance militaire, qui soutient la pointe avancée de la puissance, mais forme le corps réel et profond de cette puissance. L'économie, c'est l'intendance de l'État en guerre [1] » – si vraiment la définition de la production se construit par rapport à la guerre, il faut nous interroger sur le type de guerre que nous avons aujourd'hui à prévenir ou contre lequel il faudrait nous garantir. Ne s'agit-il pas, en réalité, d'une guerre interne, et le vrai péril qui nous guette n'est-il pas la dissolution complète de la société sous le coup d'inégalités de plus en plus insupportables ? Il nous faut tenter de comprendre si les indicateurs que nous continuons à utiliser aujourd'hui sont bien ceux qui nous permettent de mettre en évidence les véritables menaces qui pèsent aujourd'hui sur notre société et de mobiliser les moyens nécessaires pour y faire face.

---

1. F. Fourquet, *op. cit.*

2. Les équivoques de la notion d'utilité

Le coup de force de l'économie ne s'arrête pas là. Pour tenter de comprendre pourquoi nous mettons aujourd'hui en valeur un indicateur qui nous dit si peu de chose sur notre vraie richesse et sur notre réelle pauvreté, il nous faut également comprendre l'apport des économistes qui ont succédé à ceux qui s'adonnaient encore à l'économie politique. Il nous faut expliquer comment s'est construite et développée la seconde composante de notre indicateur – le PIB, c'est-à-dire la consommation, puisque le PIB est un indicateur à la fois de production et de consommation. Ce qui revient à étudier comment l'économie a conçu les besoins humains et leur satisfaction.

Malthus parlait déjà d'utilité : on se souvient qu'il conteste une définition de la richesse concurrente à la sienne – « tout ce que l'homme désire comme pouvant lui être utile ou agréable » –, jugée trop extensive. Après Malthus, cette définition a connu et continuera pourtant de connaître une longue carrière. Dès 1803, Jean-Baptiste Say écrit, dans son *Traité d'économie politique* [1], que la véritable valeur, l'utilité, est immatérielle. « Il n'y a donc véritablement production de richesse que là où il y a création

1. J.-B. Say, *Traité d'économie politique*, Calmann-Lévy, coll. « Perspectives économiques », 1972.

ou augmentation d'utilité », écrit-il dans la conclusion du chapitre introductif au *Traité*[1]. Et Say de préciser cette notion : « Cette faculté qu'ont certaines choses de pouvoir satisfaire aux divers besoins des hommes, qu'on me permette de l'appeler utilité. » Cette précision est essentielle : l'utilité, c'est la qualité qui permet de satisfaire les besoins des hommes. On n'ira pas beaucoup plus loin pour l'instant. Quels types de besoins ? Quel genre de satisfaction ? Il y a là les premières traces de l'incroyable équivoque sur laquelle repose l'économie : car pourquoi employer un terme du langage courant, déjà chargé de sens, et qui sera d'ailleurs repris non seulement par la tradition utilitariste, mais par toute l'économie elle-même ?

En 1815, Say donne, dans son *Catéchisme d'économie politique*[2], une définition plus approfondie de l'utilité. En réponse à la question : « Qu'entendez-vous par l'utilité ? », Say répond : « J'entends cette qualité qu'ont certaines choses de pouvoir nous servir de quelque manière que ce soit. » Être utile, c'est servir à quelque chose. Jusque-là, le sens commun est sauf. Mais la question se fait plus précise : « Pourquoi l'utilité d'une chose fait-elle que cette chose a de la valeur ? Parce que l'utilité qu'elle a la rend

1. « Ce qu'il faut entendre par production », p. 51.

2. In *Cours d'économie politique et autres essais*, GF-Flammarion, 1996.

désirable et porte les hommes à faire un sacrifice pour la posséder. On ne donne rien pour avoir ce qui n'est bon à rien, mais on donne une certaine quantité de choses que l'on possède [...] pour obtenir la chose dont on éprouve le besoin. » Les termes sont encore assez naturalistes et somme toute peu éloignés de la signification classique que l'on donne habituellement au terme : est utile ce dont on a besoin.

L'utilité travestie

La troisième question fait vaciller la définition traditionnelle. Question : « Cependant, il y a des choses qui ont de la valeur et qui n'ont pas d'utilité, comme une bague au doigt, une fleur artificielle. » Exemples parfaits, en effet, de l'inutilité au sens classique du terme. Réponse : « Vous n'entrevoyez pas l'utilité de ces choses parce que vous n'appelez utile que ce qui l'est aux yeux de la raison, tandis qu'il faut entendre par ce mot tout ce qui est propre à satisfaire les besoins, les désirs de l'homme tel qu'il est. Or sa vanité et ses passions font quelquefois naître en lui des besoins aussi impérieux que la faim. Lui seul est juge de l'importance que les choses ont pour lui et du besoin qu'il en a. Nous n'en pouvons juger que par le prix qu'il y met ; pour nous, la valeur des choses est la seule mesure de l'utilité qu'elles ont pour l'homme. Il doit donc nous suffire de leur donner de l'utilité à ses yeux pour leur donner de la valeur. »

Ici s'est clairement opéré le basculement : l'utilité de l'économie, ce n'est en aucun cas l'utilité traditionnelle ; le mot a totalement perdu son sens originel. Est utile ce qui est désiré, car, comme on l'a vu, on est passé sans crier gare du besoin au désir. Le processus est désormais totalement subjectif : dès lors que je, moi seul, désire quelque chose, fût-ce n'importe quoi, et même quelque chose de totalement inutile au sens classique du terme, alors cette chose acquiert une utilité. L'utilité n'est pas une caractéristique de la chose, mais de la personne, et elle ne fait plus aucune référence au besoin, mais seulement au désir. De très bonnes explications ont été données de ce basculement par Jean-Joseph Goux, qui voit dans cette nouvelle utilisation du terme la marque de l'émancipation de l'économie, étape fondamentale au cours de laquelle l'économie se détache non seulement de la morale, mais également de tout référent extérieur : « C'est l'émancipation d'avec toute la philosophie morale qui est en jeu. Avec une notion radicale de l'utilité, l'économie rompt le lien obscur et fâcheux qu'elle pourrait avoir avec la réflexion morale, elle opère un divorce qui est en même temps son acte de naissance. Si l'économie ne veut plus, à un moment donné, relever de la philosophie, mais se donner pour une science autonome et spécifique, c'est par la redéfinition de l'utilité qu'elle l'accomplit [1]. » « J.-B. Say conçoit très bien qu'avec cette notion radicale de l'utilité (qui aurait fait frémir Aristote et fulminer Thomas d'Aquin), il donne congé à tout jugement moral, et il s'en félicite. Car ce congé exonère l'économie politique de la responsabilité du jugement éthique, et il trace, par là, une ligne de démarcation nette entre cette discipline encore nouvelle [...] et la science de l'homme moral et de l'homme en société. La question des vrais biens et de l'utilité réelle n'est pas de son ressort. »

Il est passionnant de voir que c'est le père (au sens biologique) de Léon Walras, l'inventeur de l'économie marginaliste, qui va mener à son terme la réflexion de Say et nous faire ainsi le legs d'une définition désormais renouvelée de l'utilité. Discutant (et critiquant) Say, Auguste Walras commente ainsi sa réponse à la troisième question que nous avons rapportée plus haut : « Il y a donc cette différence entre la morale et l'économie politique que la première n'appelle utiles que les objets qui satisfont à des besoins avoués à la raison, tandis que la seconde accorde ce nom à tous les objets que l'homme peut désirer, soit dans l'intérêt de sa conservation, soit par un effet de ses passions et de ses caprices. Ainsi, le pain est utile, parce qu'il sert à notre nourriture *et les*

1. J.-J. Goux, « L'utilité : équivoque et démoralisation », *Revue du Mauss*, 1996, p. 109.

viandes les plus recherchées sont utiles, parce qu'elles flattent notre sensualité. L'eau et le vin sont utiles, parce qu'ils servent à nous désaltérer, et *les liqueurs les plus dangereuses* sont utiles, parce qu'il y a des hommes qui ont du goût pour elles. La laine et le coton sont utiles, parce qu'on peut s'en faire des habits ; les perles et les diamants sont utiles comme *objets de parure*. Les maisons sont utiles, parce qu'elles nous mettent à l'abri des intempéries de l'air ; les terres sont utiles parce qu'on peut y semer des grains, planter des arbres, construire des maisons... Ainsi encore, et dans un autre ordre d'idées, la musique et la poésie sont utiles parce qu'elles nous *réjouissent* ; la médecine est utile, parce qu'elle nous guérit de nos maux ou qu'elle les soulage ; l'éloquence d'un avocat est utile, parce qu'elle sert à défendre nos droits, quelquefois même notre vie ; le talent d'un administrateur est utile, parce qu'il contribue au succès des affaires publiques [1]... »

Texte magnifique dans son balancement, qui efface totalement les oppositions classiques entre le vraiment utile et le superflu et met en même temps définitivement à bas les tentatives antérieures d'un Smith pour démontrer que certaines actions sont plus utiles (et donc certaines fonctions ou certains travaux plus productifs) que d'autres. C'en est fini

1. A. Walras, *De la nature de la richesse et de l'origine de la valeur*, Alcan, 1832, p. 23.

de ces oppositions et c'en est fini du sens antique en même temps que trivial de l'utilité. Le dangereux, qui provoque l'ivresse, le superflu, désiré simplement comme parure, le superfétatoire, qui simplement réjouit, tout cela est soudainement devenu utile, simplement parce que quelqu'un – une seule personne suffit – l'a désiré. Qu'est-ce donc désormais que l'utilité ? « Son caractère essentiel et fondamental est de satisfaire un besoin ou de procurer une jouissance [...] : il suffit qu'un objet quelconque puisse contribuer, de manière ou d'autre, à satisfaire un de nos besoins ou à nous procurer quelque jouissance pour que cet objet nous soit utile et que les économistes le déclarent tel [1]. » Cependant, l'équivoque demeure, à l'évidence. On peut même dire qu'elle est constitutive de l'économie, du milieu du XIXe siècle à nos jours. Car le discours économique ne cessera de confondre, au sens actif du terme, le véritable besoin, celui qui est ressenti par tous ceux qui n'ont pas accès aux biens les plus essentiels, les plus utiles à la vie, et cette utilité générale qui peut bien souvent ne relever que du caprice de quelques-uns.

Comme l'explique Jean-Joseph Goux, « la science économique est prête pour un nouveau saut. Elle abandonnera bientôt, sans trop de scrupules, son titre d'économie politique pour devenir économie

1. *Ibid.*, p. 25.

pure [...], poussant son indifférence axiologique et son mouvement d'abstraction et de démoralisation jusqu'à rejeter comme métaphysique toute question sur les raisons et déraisons de l'utile, et sur ce qui détermine plus profondément la valeur ou la non-valeur attribuée aux choses. C'est dire que l'économie est prête pour la révolution néoclassique ou marginaliste. » D'où, en effet, cet extraordinaire texte de Walras fils : « Je dis que les choses sont utiles dès qu'elles peuvent servir à un usage quelconque et en permettent la satisfaction. Ainsi, il n'y a pas à s'occuper ici des nuances par lesquelles on classe, dans le langage de la conversation courante, l'utile à côté de l'agréable entre le nécessaire et le superflu. Nécessaire, utile, agréable et superflu, tout cela, pour nous, est seulement plus ou moins utile [...]. Qu'une substance soit recherchée par un médecin pour guérir un malade ou par un assassin pour empoisonner sa famille, c'est une question très importante à d'autres points de vue, mais tout à fait indifférente au nôtre. La substance est utile, pour nous, dans les deux cas, et peut-être plus dans le second que dans le premier [1]. »

Dès lors, en effet, tout est consommé. L'utilité de l'économie est « définitivement divorcée de l'utilité au sens vulgaire du terme et normatif de ce mot, de l'utilité considérée comme opposée à ce qui est

1. L. Walras, *Éléments d'économie politique pure*, 1926.

nuisible ou superflu : elle n'exprime rien de plus que la propriété de satisfaire à un besoin quelconque de l'homme, raisonnable, stupide, ou coupable, pain, diamant ou opium, il n'importe [1] ».

L'impossible utilité commune

Parvenus à ce point, trois événements s'imposent. Tout d'abord, ainsi que nous l'avons déjà indiqué, la substitution dans le discours économique du désir au besoin, c'est-à-dire de n'importe quel désir au besoin. Ensuite, l'émancipation de l'économie de la philosophie et de la morale. Enfin, et surtout, l'invention du point de vue à partir duquel va se construire l'ensemble de la science économique et de son raisonnement : l'individu. En substituant le désir individuel subjectif au besoin – qui peut, lui, être objectif, collectif, et dont on peut donc discuter –, l'économie a en même temps rendu impossible la construction d'un bien commun. Et cela parce qu'elle a décidé souverainement que l'utilité ne pouvait être déterminée qu'à partir de la multiplicité infinie de désirs, tellement spécifiques, incomparables et particuliers qu'il sera impossible de les agréger, voire de les comparer. C'est ce que s'attache inlassablement à soutenir toute une partie de la microéconomie qui fait ses délices de l'incomparabi-

1. C. Gide, 1926, cité par J.-J. Goux, *op. cit.*

lité des préférences individuelles depuis des lustres. Si c'est le désir de l'individu qui détermine l'utilité et si c'est celle-ci, combinée à la rareté, comme l'expliquera Walras fils, qui détermine la valeur, alors on peut bien être certain que toute perspective d'utilité commune a disparu à jamais.

Qu'est-ce à dire ? Que, désormais, toute consommation est utile, toute consommation a de la valeur. Ou encore que son équivalent, la production, a une égale valeur, qu'il s'agisse de produire des logements, absolument nécessaires, des déodorants ou des produits gadgets jetables ; que ni l'argent ni le travail humain n'ont d'odeur, que la consommation n'est absolument plus référée à des besoins réels, mais qu'une partie de son accroissement vient de la fabrication de produits toujours plus inutiles, surtout pour le plus grand nombre. Les arguments fondés sur les besoins – nous devons absolument produire, et produire toujours plus, et aussi toujours plus consommer pour faire repartir la machine économique, parce que les besoins humains sont infinis – se nourrissent de cette équivoque entre les vrais besoins, la vraie utilité, qui améliore vraiment la condition de tous les hommes, et la futilité, le gaspillage, réservés à quelques-uns.

D'où ce que l'on peut appeler le deuxième coup de force de l'économie : avoir réussi, par la seule annexion et la réinterprétation d'un vieux mot qui continue d'être en usage dans son sens premier, à faire passer pour utile l'ensemble de la production simplement parce que, une personne au moins l'ayant désirée, elle est passée sur le marché et a ainsi obtenu l'insigne honneur de contribuer à l'accroissement du PIB.

L'économie, dans cette perspective, n'a donc pas pour vocation de répondre aux besoins des hommes, et en particulier aux besoins des hommes vivant en collectivité et définissant leurs besoins collectifs, mais plutôt d'assouvir les désirs infinis, et infiniment variables, de tous les individus qui ont de quoi les satisfaire, quel que soit le nombre de ces individus, quelle que soit la nature de leurs désirs. « Par là même, il ne peut plus s'agir de la valeur d'usage en général (pour l'espèce humaine) d'un bien reconnu utile unanimement et collectivement. Chaque fois, il s'agit de l'utilité d'une unité concrète, en cet instant, pour moi qui la désire... Ainsi, ce n'est pas l'utilité de l'eau qui est en jeu, mais l'intensité de *mon* désir, à l'instant *t*, pour *ce* verre d'eau. Ce n'est donc pas en fait à un "besoin de l'homme" que répond ainsi l'utilité ainsi comprise, mais au désir variable, toujours changeant, éphémère, de telle ou telle subjectivité désirante à tel ou tel moment [1]. »

Il faut mesurer le sens de ce nouveau fondement de l'économie, qui se confond de fait avec son passage au statut de science. Sauf à réaliser des

1. J.-J. Goux, *op. cit.*, p. 115-116.

contorsions extrêmement délicates, il sera désormais très difficile, sur ces bases, de reconnaître non seulement le caractère utile (au sens premier du terme) d'autre chose que la production, mais aussi une utilité générale, c'est-à-dire une utilité délibérément et directement collective : l'utilité définie par l'économie présente en effet immédiatement un caractère individuel (quelque chose ne peut être utile que pour quelqu'un), mais elle nécessite aussi un échange, une transaction, une opération entre deux personnes, une transformation ayant été opérée par un agent, qui rend le produit utile. La matrice de l'économie réside dans le rapport qui s'établit entre deux individus.

Dans une telle construction, les désutilités elles-mêmes ne peuvent être qu'individuelles et ne sont réparables qu'individuellement : la pollution n'est pas un mal qui nous menace tous, c'est une externalité qui doit être repérée par celui qui en souffre et réparée par celui qui la commet. On se trouve plongé dans un monde d'individus ou de regroupements d'individus qui font des transactions. La société n'existe pas : il n'y a ni bien collectif, bon pour tous même s'il paraissait mauvais du point de vue de chaque individu, ni menace générale, ni intérêt commun, il n'y a que des transactions correctes ou incorrectes. Il n'y a pas non plus de patrimoine possédant une valeur intrinsèque qu'il nous reviendrait de conserver, ni de richesses en soi, dont la valeur serait indépendante d'une quelconque extériorisation (ou présentation sur un marché). Valoriser consiste uniquement à donner à un objet ou à une action une forme susceptible de rendre l'objet désirable pour l'autre. La valeur n'échoit qu'à ce qui est produit, et surtout à ce qui est consommé, donc à ce qui a été désiré.

3. Utilité et comptabilité nationale

Il est étonnant que la comptabilité nationale, tout inspirée de keynésianisme et de marxisme qu'elle était, centrée autour de la production et des ressources matérielles, ait néanmoins récupéré corps et biens cette vision-là. Tout se passe comme si notre comptabilité nationale actuelle était le mixte d'un raisonnement macroéconomique portant sur la production et de l'ensemble de la vision néoclassique de l'utilité, comme si cette dernière avait été simplement transportée, avec armes, bagages et présupposés, dans un cadre où la production est simplement mieux modélisée et considérée dans sa globalité. Telle est la raison pour laquelle la richesse est construite, dans la conception de la comptabilité nationale, du point de vue de l'individu : il y a richesse uniquement s'il y a production, et par définition uniquement si le produit est apporté sur le marché et approprié par quelqu'un. Ou, depuis

1976, uniquement si le produit est consommé par quelqu'un, même s'il ne le paye pas à son prix. La comptabilité nationale n'est donc que le reflet, sur un plan à deux dimensions, du marché. Elle ne prend pas en compte ce qui pourait constituer une troisième dimension, une sorte de profondeur (qui inclurait par exemple le patrimoine naturel, le niveau de savoir et de culture des personnes, bref toute la richesse individuelle et collective qui ne fait pas l'objet d'une production au sens étroit de la comptabilité nationale, ou encore la densité du lien social, le degré de violence... toutes choses qui constituent pourtant le « fond » à partir duquel un certain nombre de biens sont produits et échangés). Ne disposant que d'une conception individualiste de la richesse, puisque l'utilité vient de la satisfaction d'un seul, on est en quelque sorte contraint au détour du marché qui est l'unique moyen de vérifier que le produit a bien été approprié et de calculer combien grands étaient les désirs qui portaient sur lui. La comptabilité nationale n'est donc qu'une projection sur un plan – au sens propre du terme – des désirs exprimés sur des produits. En cela seulement consiste la richesse.

Production et appropriation individuelle

Il y a donc une évidente continuité entre le concept de production forgé au long du XIXe siècle et l'agrégat sur lequel nous vivons encore aujourd'hui et qui mesure notre richesse : le produit intérieur brut. Dans tous les cas, il s'agit bien de ne considérer comme richesses que les biens et produits appropriés par des individus au terme de transactions individuelles. La richesse nationale n'est constituée que de biens et services produits et de la somme des enrichissements particuliers. Si cette production-là constitue exclusivement la richesse de la nation, seule la consommation de cette production constituera une forme de bonheur, ou de mesure du bonheur social. Malgré toutes les dénégations des économistes, qui disent refuser que le produit intérieur brut soit considéré comme un indicateur de bonheur national, la plupart des discours nous y invitent, qui voient dans l'intensité de la consommation des ménages le signe de la bonne santé du pays. Les utilitaristes emploient indifféremment la notion de principe d'utilité ou de principe du plus grand bonheur ; Pareto emploie, lui, le terme d'optimum social pour décrire un état économique donné et Malthus renvoie à d'autres ordres ce qui n'est pas du domaine de la production et de la consommation. À leur suite, le discours politique a relayé cette confusion, en indiquant comme seule tâche digne d'être poursuivie l'augmentation constante du taux de croissance de la production, comme si en effet de lui seul dépendait notre bonheur social.

De façon très paradoxale et presque contradictoire, un certain nombre d'économistes, au premier rang desquels les Walras (père et fils), avaient d'ailleurs posé au principe du bonheur individuel la satisfaction de tout désir, de quelque nature qu'il soit. Il semble bien pourtant, à regarder notre PIB, qu'un certain nombre de désirs ou de besoins – en particulier ceux qui ne peuvent pas être satisfaits par la consommation de biens et services ou l'appropriation – ne se voient en aucune manière pris en compte : qu'en est-il du besoin de paix, de civisme, de beauté, de solidarité, de bien-être, d'égalité, de liberté individuelle, de participation démocratique, d'expression, du désir d'accès égal à la culture, à la santé, au travail ? Tout se passe comme si ces besoins-là étaient infiniment moins importants que les autres, les besoins d'acquisition de biens matériels et accessoirement de services, ainsi que Malthus l'expliquait déjà en 1820.

Il me semble que l'on peut donner deux explications à ce processus. En premier lieu, on peut sans trop craindre de se tromper affirmer qu'il y a, dans la surdétermination continue de la production matérielle, une raison de circonstance. Comme on l'a déjà dit, il est normal qu'en 1820 Malthus s'attache avant tout à mettre en évidence les ressources matérielles du pays : ce sont elles en effet qui vont changer la face du monde et permettre à l'homme de véritablement l'aménager. Il en va de même pour l'après-guerre : dans un pays considérablement appauvri par la guerre et confronté à la reconstruction, il est parfaitement légitime de mettre l'accent sur la production de biens matériels, transformés puis appropriés par les individus pour retrouver un niveau convenable de satisfaction des besoins élémentaires. D'une manière générale, comme on a tenté de le montrer par ailleurs, il est sans doute compréhensible d'avoir voulu mettre en évidence l'augmentation du nombre des nouveaux biens mis à disposition des individus pendant cette vaste période où le phénomène marquant est en effet le développement sans précédent du progrès technique et où, parallèlement, un investissement massif – réel et idéologique – est fait sur la production. La question est évidemment de savoir si c'est de cela que nous manquons aujourd'hui, si c'est toujours cette même production, orientée vers la satisfaction des besoins élémentaires, qui doit être le fil conducteur de notre développement.

Quant à l'aspect au fond profondément individualiste de cette conception même lorsqu'elle est encastrée dans des présentations ou des raisonnements keynésiens ou macroéconomiques, j'en ai tenté une explication ailleurs : pourquoi avoir tant mis l'accent sur l'échange entre deux individus ? Pourquoi avoir laissé de côté l'autoproduction, le travail domestique, les richesses collectives, le patrimoine... ? Peut-être parce qu'il y avait là non seulement un problème économique (la question de la rareté), mais aussi un problème philosophique à résoudre : comment faire tenir ensemble des individus que rien ne pousse à vivre ensemble, les faire coopérer, rapprocher des individus qui ont d'abord en partage ce que Kant appelle l'insociable sociabilité ? L'économie – et la mise en valeur exclusive du lien marchand – offrait une autre solution que la politique. Elle était le résultat d'un acte de défiance dans la capacité des hommes à vivre ensemble sans se faire la guerre, solution autre que celle préconisée par Rousseau. Elle comptait sur l'échange mutuellement avantageux pour détourner les hommes de la guerre et les obliger à vivre ensemble.

Cette métaphore du doux commerce et de la dérivation des forces vers une convergence supérieure sera filée tout au long du XVIIIe et du XIXe siècle : l'économie détourne de la violence.

4. Les insuffisances du PIB : un indicateur superficiel

Il faut sans doute désormais rassembler les critiques que nous devons adresser, aujourd'hui, à notre indicateur de richesse. La véritable question est d'abord celle-ci : la richesse de notre société est-elle vraiment représentée par le PIB ou bien n'en reflète-t-il qu'une petite partie ? Par là j'entends : qu'est-ce qui nous importe aujourd'hui, nous qui constituons une société de plus de soixante millions d'habitants confrontée à des problèmes multiples, tentant de vivre décemment et de léguer à nos enfants une société digne de ce nom ?

Richesses et réparation

Le PIB a fait l'objet de très nombreuses critiques depuis plus de vingt ans, et l'on sait qu'il n'est pas un bon indicateur parce qu'il présente comme un enrichissement un certain nombre d'opérations qui sont en fait nuisibles. On connaît bien les exemples des accidents automobiles (qui induisent un accroissement de richesse grâce aux réparations ou aux achats automobiles) ou des destructions de forêts qu'il faut replanter, mais dont la vente constitue, à court terme, un enrichissement, ou plus généralement de toutes les actions de dépollution ou de réparation qui ne font que restituer au capital naturel sa valeur initiale. En poussant la logique à son terme, on pourrait soutenir qu'une société qui se détruit entièrement, qui se consomme et se consume, serait de plus en plus riche, jusqu'à ce qu'elle n'ait plus rien à vendre. Nous sommes d'ailleurs déjà en partie une société de réparation des dégâts (causés par les accidents en tout genre et les pollutions, donc l'ensemble des atteintes au patrimoine naturel et artificiel créé par l'homme) ; bref, une partie de notre richesse est issue de la réparation des dégâts que provoquent les simples actes de vivre et de produire.

Cela tient évidemment au fait que notre comptabilité n'est en aucune manière patrimoniale : si nous disposions d'un *inventaire* de notre patrimoine naturel et artificiel, comme le disait déjà Malthus en 1820, il serait beaucoup plus aisé de suivre les augmentations et les diminutions de ce patrimoine. On sait qu'une partie du problème, et toute une littérature écologiste l'a bien montré, vient du fait que l'économie traditionnelle considère comme non rares, donc comme gratuites et sans valeur aucune, un certain nombre de ressources sur lesquelles elle vit, qu'elle transforme et dont elle ne prend en compte que les seuls flux. Écoutons Say en 1803 : « Les hommes jouissent de certains biens que la nature leur accorde gratuitement, tels que l'air, l'eau, la lumière du soleil ; mais ce ne sont pas ces biens auxquels, dans l'acception commune, ils donnent le nom de richesses » (*Traité*). N'intéresse l'économie, rappelons-le, que ce qui est susceptible d'appropriation et qui, de surcroît, est rare.

De fait, nous savons aujourd'hui que nos actions peuvent abîmer ou détruire l'eau (problème qui fait désormais l'objet d'inquiétudes et de conférences mondiales [1]), l'air, le climat ; que ceux-ci sont tels

1. Cf. la conférence mondiale sur l'eau, *Le Monde* du 20 mars 1998.

que la transformation de leurs qualités, si elle est trop forte, peut leur ôter leur nature. Il en va ainsi de très nombreux biens, considérés comme ayant une valeur nulle, alors même qu'ils sont des agents actifs de transformation de produits qui seront vendus, et donc qu'ils peuvent soit rentrer dans un processus productif sans avoir été mesurés à leur juste valeur (donc faire l'objet d'une utilisation non comptabilisée), soit être endommagés. Cela, la comptabilité nationale ne le prend pas en compte, pas plus que l'économie classique, qui ne parvient à y voir qu'une externalité, c'est-à-dire un dysfonctionnement du marché qui doit être corrigé par celui-ci, voire, cas exceptionnel, par une intervention de l'État [1].

La notion de patrimoine a une extension bien plus vaste. Cela ne nous intéresse-t-il pas de savoir si l'état de santé de la population s'améliore ou non, si le niveau d'éducation progresse ou régresse, si les violences à l'école se développent ou non, si l'égalité entre les sexes devient ou non une réalité ? Si. Mais cela, qui est une partie essentielle de la richesse de notre société aujourd'hui, n'est en rien mesuré par

1. La théorie classique appelle « externalités » les phénomènes d'interdépendance involontaire entre les activités de différents agents économiques qui ne sont pas couverts par des coûts ou des revenus et sont « extérieurs » à l'échange marchand. Sur toutes ces questions, voir F. D. Vivien, *Économie et écologie*, La Découverte, coll. « Repères », 1994.

notre comptabilité nationale. Par patrimoine, j'entends ici non seulement le patrimoine naturel (la qualité de l'eau, de l'air, du climat, le paysage, la répartition harmonieuse des individus sur le territoire, les forêts, la beauté des paysages, la diversité des espèces, etc.), mais aussi le patrimoine humain, c'est-à-dire tout ensemble le nombre d'individus vivants, leur qualité de vie, leur état de santé, leur caractère plus ou moins xénophobe, leur tendance ou non au fascisme et au totalitarisme, leur degré de solidarité, leur niveau d'éducation et leur niveau de culture, leur participation à l'activité politique, la qualité de leurs libertés individuelles, leurs moyens pour exercer réellement celles-ci, le caractère réel des droits sociaux dont ils disposent... De ce patrimoine naturel et humain, dans notre comptabilité, nul signe. C'est sans doute ce qui explique qu'après tout des morts dans un lycée, des crimes xénophobes, les inégalités de toutes sortes, les suicides par désarroi, les corps souffrants des pauvres ou les guerres ne se lisent pas dans le PIB, sauf dans ce dernier cas, où la production finit par enregistrer les effets du manque de bras...

Je ne m'attarderai pas sur la première critique, facile et sans intérêt profond, que l'on ne manquera pas de me faire : une telle comptabilité est impossible. C'est d'ailleurs en invoquant cette impossibilité que la science économique s'est édifiée : c'est exactement pour cette raison que Malthus, qui avait bien compris que seul un inventaire nous donnerait la vraie image de notre richesse, a restreint le champ de la science économique aux seuls objets matériels, ceux dont on peut précisément compter avec exactitude l'accroissement ou la diminution. L'argument est faible. Est-ce parce qu'il est difficile de nous lancer dans un tel travail que nous devons vivre avec un indicateur faux ?

Aujourd'hui, nous voyons bien qu'une partie de notre richesse réside dans la préservation ou le soin apporté à ce que l'on appelle l'environnement, dans la préservation et l'amélioration de la santé, qui est le premier bien de chacun, dans l'augmentation du niveau d'éducation et de citoyenneté active, et plus généralement dans l'amélioration du caractère solidaire et démocratique de notre société (notons que, lorsqu'elle aura explosé, nous ne disposerons même plus du cadre dans lequel enregistrer nos transactions individuelles). Mais, pour mettre en évidence cette richesse, deux choses nous sont absolument nécessaires : une comptabilité patrimoniale et une comptabilité véritablement sociale.

Par sociale, je n'entends pas une comptabilité des dépenses que nous affectons au « social ». Bien au contraire. J'entends une comptabilité des améliorations et/ou dégradations du patrimoine collectif, c'est-à-dire de tout ce qui nous importe absolument pour vivre, et pour bien vivre, et qui n'est pas seulement issu des transactions marchandes individuelles ; en quelque sorte, le tissu même de notre existence collective, et dont l'essence est précisément d'être collectif : bon pour tous sans nécessairement être appropriable par une seule personne, donc susceptible de faire l'objet d'une transaction. Telle est la raison pour laquelle il me semble essentiel de revenir sur la manière dont s'est construite notre comptabilité, où la richesse est définie de manière agrégative comme somme des valeurs ajoutées ou somme des utilités individuelles. Cette procédure nous empêche à jamais de concevoir une richesse délibérément collective, car le saut des utilités individuelles à une « utilité » générale est impossible. Il y a dans l'économie classique dont s'est nourrie en partie la comptabilité nationale une aporie qui la rend aujourd'hui inutilisable.

L'impossible comptabilité patrimoniale

La philosophie sous-jacente qui l'inspire veut que l'on envisage la santé, l'éducation, la culture, la non-violence, l'égalité des sexes ou l'absence de pollution toujours comme un coût et jamais comme un enrichissement ; et que l'on en revienne immanquablement à l'antienne du libéralisme (père et fils de la philosophie de l'utilité) selon laquelle la vraie richesse est créée par les entreprises (l'économique) et sert à financer le social (c'est la philosophie de la réparation). Les entreprises créent des richesses et celles-ci servent à réparer tantôt le patrimoine naturel, tantôt le patrimoine humain. Toute action d'amélioration de la vie collective (mais aussi, de fait, individuelle) est traduite en termes de coût.

Regardons les fameux comptes satellites : lorsqu'on s'aperçut que la comptabilité en flux donnait tout de même une image singulièrement restreinte de la richesse, on décida d'élaborer des comptes satellites, c'est-à-dire des comptes spéciaux, non intégrés au grand compte national, qui permettraient de suivre les évolutions d'un domaine donné (il y a par exemple un compte de la protection sociale) et donneraient de l'évolution économique et sociale une représentation plus proche de la réalité.

En quoi ces comptes satellites consistent-ils ? Prenons l'exemple du compte de la protection sociale : il consiste en une liste de dépenses. On décompose cette somme en plusieurs postes, dont on observe la structure et l'évolution. Notons que jamais on ne se félicite de la part du PIB consacrée à la santé (plutôt qu'aux dépenses militaires, par exemple, ou à la fabrication de produits absolument inutiles). Il en va de même pour les comptes satellites de l'environnement, qui se concentrent sur les dépenses consacrées à la protection de l'environnement (même si cela s'accompagne de résultats sur les pollutions, les déchets, les nuisances de la vie quotidienne). Mais l'on semble ne pas parvenir à sortir d'une pure optique de coût (comme d'ailleurs c'est le cas pour l'ensemble des dépenses publiques consacrées à des biens collectifs). Il s'agit toujours du même problème : mettre en évidence la valeur d'un ensemble d'éléments, matériels ou immatériels, sans cependant avoir recours seulement à un coût. Car, qu'il s'agisse de la protection sociale ou de l'environnement, il se trouvera toujours des contribuables (et des budgétaires) pour trouver que ce coût est trop élevé.

Dans le volume « Insee Méthodes » consacré au patrimoine national[1], l'auteur écrit : « Les comptes de patrimoine introduisent une notion de création de richesse qui n'est plus limitée à la production. » Suit cette phrase tout à fait extraordinaire : « Le concept de patrimoine mis en œuvre dans les comptes nationaux peut paraître assez restrictif puisqu'il exclut les actifs ou les passifs situés en dehors de la sphère marchande, comme le capital écologique ou le patrimoine naturel, ou encore le capital humain[2] » [sic]. Il vaut bien sûr la peine d'entendre les explications : « Pour l'essentiel, deux catégories d'exclus peuvent être distingués. La première catégorie comprend des biens, tels le capital naturel ou le capital écologique, auxquels on ne peut attribuer une valeur marchande et qui ne sont généralement pas appropriables par une unité déterminée. Ces biens constituent indubitablement des

1. *Le Patrimoine national*, « Insee Méthodes », Insee, 1994.
2. *Ibid.*, p. 9.

patrimoines, mais leur prise en compte en tant que tels ne peut s'opérer que dans un cadre plus large que celui lié à une approche marchande des patrimoines [sic]. La seconde catégorie d'exclus concerne des actifs dont l'intégration dans les comptes de patrimoine n'est envisageable qu'à la condition de remettre en cause certains concepts et traitements retenus actuellement en comptabilité nationale, comme la séparation entre consommation (intermédiaire et finale) et la FBCF [Formation brute de capital fixe], la limitation de cette dernière aux actifs corporels ou encore la définition des frontières de production [sic]. Peuvent être rattachés à cette catégorie les biens durables possédés par les ménages et les biens militaires des administrations publiques, mais aussi le capital humain et les droits à la retraite en régime de répartition [1]. » Les deux pages suivantes expliquent pourquoi il est en effet impossible, compte tenu des méthodes employées par la comptabilité nationale, de retenir ces actifs. La raison dernière, répétée plusieurs fois, est que « ces biens n'ont pas de valeur marchande appropriable par une unité déterminée et qu'ils ne constituent donc pas une réserve de valeur au sens des comptes de patrimoine [2] ».

---

1. *Ibid.*, p. 35.

2. *Ibid.*, p. 36. Il en va de même dans les plus récentes publications de l'Insee consacrées au patrimoine. Par exemple « Insee première », *Le Patrimoine national*, n° 595, juillet 1998,

Autrement dit, dès lors qu'une chose – un bien, un service, une action – n'est pas appropriable par une unité déterminée, c'est-à-dire, dans le langage classique, qu'elle ne constitue pas une utilité, elle n'a pas de valeur, elle n'est pas une richesse, elle ne peut pas entrer dans la comptabilité nationale. On voit évidemment bien pourquoi surgissent les difficultés concrètes et d'où elles viennent : il faudrait donner à cet élément une valeur, or celui-ci, n'étant pas appropriable par quelqu'un, n'a pas de prix. Comment l'inscrire, dès lors, dans un tableau de valeurs ? Il s'agit certes d'un problème ardu, mais qui revient à dire, comme dans un épouvantable cercle vicieux, que ce qui n'a pas de prix n'a aucune valeur, que ce qui ne peut pas être présenté sur le marché ou être approprié par un individu ne peut en aucune manière être considéré comme un composant de la richesse globale.

Signalons tout de même les tentatives de l'Onu, qui a élaboré un « System of Integrated Environmental and Economic Accounting » qui prend en

---

où les auteurs explicitent leur méthode : « Les comptes de patrimoine de la comptabilité nationale recensent divers actifs et passifs économiques. Issus de processus de production ou naturels (terres, gisements, etc.), financiers ou réels, professionnels, privés ou de rapport, ils ont une caractéristique commune : pouvoir être échangés sur un marché. Le champ ainsi défini est plus étroit que celui de patrimoine au sens large : des éléments tels que le capital écologique (l'air, la biodiversité, etc.) ou le "capital humain" en sont exclus. »

compte, sous forme monétaire, l'impact du développement des activités économiques sur l'environnement [1] : une notion de coût environnemental est employée, pour trois types d'utilisation de l'environnement : l'épuisement des actifs naturels, l'usage du sol et du paysage, l'utilisation de l'environnement pour l'élimination des déchets. On tente ainsi d'obtenir un « PIB vert » par déduction du produit intérieur net du coût lié à l'utilisation du capital environnemental. Mais cette approche est encore peu adoptée sur le plan international, et là encore les comptables nationaux français semblent craindre un bouleversement du système des prix de la sphère marchande. Signalons aussi les travaux récents et non dépourvus d'ambiguïtés d'une équipe américaine qui a calculé l'an dernier la « valeur de la Terre » en évaluant les prix des « services » rendus par les différents écosystèmes du globe, depuis la régulation du climat jusqu'à la production alimentaire, en passant par la valeur esthétique. Très contestés, ces travaux sont restés isolés. Ils posent évidemment la question du type de « valorisation » que l'on doit utiliser pour les éléments qui ne sont pas l'objet d'une appropriation individuelle : si l'on

1. Sur ces différents points, voir l'article consacré à l'environnement de M.-C. Marchesi, « Les indicateurs économiques en question », *Cahiers français*, n° 286, mai-juin 1998, et l'article du *Monde* daté du 9 octobre intitulé « L'économie écologique, nouvelle discipline née d'un choc culturel ».

« invente » une valeur marchande, la démarche peut s'avérer très dangereuse (quel est le prix d'un paysage de Toscane ou d'une vie humaine ?), mais comment donner de la valeur sans recourir au prix ?

Où il est démontré que le bien-être national est une chimère

L'aspect le plus important de tout celà me paraît être l'incapacité congénitale de la comptabilité nationale à construire un indicateur de bien-être, du fait même de l'impossibilité dans laquelle elle se trouve d'imaginer d'abord un collectif qui aurait un bien propre. C'est évidemment un problème philosophique bien avant d'être un problème économique. L'économie sur laquelle nous vivons, c'est-à-dire la totalité des instruments que nous utilisons pour mesurer nos richesses, n'imagine pas la société comme un ensemble qui pourrait avoir un bien propre, dont on pourrait mesurer l'accroissement ou la diminution, et cela parce qu'elle est construite sur des postulats fondamentalement individualistes dont elle n'a pas su se départir en deux siècles, malgré les adjonctions keynésiennes.

Le bonheur ou le bien-être ne sont conçus que dans une optique fondamentalement subjective : l'utilité n'est jamais que celle de chaque individu et, comme l'écrit la spécialiste française de la comptabilité nationale, « le bien-être ne peut être apprécié que subjectivement, et on démontre qu'il est radicalement impossible d'agréger les échelles de préférence individuelles pour obtenir une échelle de préférence nationale. *La notion de bien-être national est donc théoriquement non fondée*[1] ». On ne peut pas être plus clair. Le problème fondamental est là. De très nombreux biens – et sans doute parmi les plus importants – sont immédiatement collectifs, c'est-à-dire bons pour tous, pour notre société, son bien-être, son progrès, sans être appropriables par personne en particulier.

Arrêtons-nous un instant sur les rapports du PIB et du bien-être. Depuis de nombreuses années, les économistes semblent en désaccord sur la question de savoir si le PIB doit être considéré comme un indicateur de bien-être : en 1949, dans *Les Comptes de la nation*, F. Perroux écrivait : « Il est donc peu contestable que la grandeur la plus propre à renseigner sur le bien-être d'une population est le produit national net au prix du marché. Pour qu'il livre la mesure demandée, il faudrait : 1) que la totalité des biens et des services qui bénéficient aux individus pendant une période soit enregistrée ; 2) que l'effort fourni pour l'obtenir soit exactement évalué ; 3) que les prix expriment toutes les utilités marginales des

1. É. Archambault, *Comptabilité nationale*, Économica, 5e édition, p. 142.

biens et services. Autant de conditions qui ne sont pas remplies [1]. »

En 1953, dans un cours ronéoté donné à l'Ena et intitulé *Réflexions sur la comptabilité nationale et les budgets nationaux*, Simon Nora écrit : « Pour mesurer le bien-être d'une nation et bien que cette mesure soit fort discutable, la quantité à retenir sera sans doute le produit national net au prix de marché. Le produit national net ou brut peut servir de base à l'appréciation du potentiel mobilisable d'une nation en vue d'un effort civil de reconstruction ou d'une guerre [2]. » On notera que les deux auteurs se situent dans une perspective de reconstruction qui est aussi utilitariste au sens donné ci-dessus. Or, depuis les années soixante-dix – et cela n'est pas sans rapport avec le fait que, les ressources matérielles augmentant, la définition du bien-être a changé et ne peut plus être restreinte à celles-ci –, la majeure partie des économistes qui s'intéressent à cette question refusent l'assimilation du PIB à un critère de bien-être.

Peut-on mesurer le bien-être national ?

Une illustration assez magistrale, même si elle est caricaturale, en a été donnée par l'un de nos

1. F. Perroux, *Les Comptes de la nation*, PUF, 1949, p. 101.
2. P. 6.

comptables nationaux, Oleg Arkhipoff, qui écrivit en 1976 un article qui semble avoir mis – au moins en France – un terme à cette question. Dans cet article intitulé « Peut-on mesurer le bien-être national ? », Arkhipoff analyse les deux tentatives américaine et japonaise pour construire, à partir du PIB, mais en lui apportant des corrections, un indicateur de bien-être. La première tentative, américaine, était celle de Tobin et Nordhaus dans « Is Growth Obsolete ? [1] ». Les deux auteurs contestaient que le produit national ait jamais été une mesure du bien-être national, car il s'agissait d'un indicateur de production et non de consommation. Un agrégat mesurant la consommation authentique serait un véritable indicateur de bien-être, soutenaient-ils. L'autre tentative était celle d'une équipe japonaise, retracée dans *Measuring Net National Welfare of Japan*, publié par le NNW Measurement Committe de l'Economic Council of Japan, à Tokyo, en 1973.

Dans les deux cas, le Net National Welfare (NNW) s'obtient à partir du produit national en lui ajoutant ou en lui retranchant certains facteurs. Sont retranchées les dépenses de police, de justice et d'administration générale (réparation ou prévention de la dégradation de l'environnement général), l'entretien de l'environnement stricto sensu, les

1. *Economic Growth*, National Bureau of Economic Research, Columbia University Press, 1972.

dégradations dues à la pollution non compensées par ailleurs et les nuisances dues à l'urbanisation – c'est-à-dire les coûts imputables à un allongement de la distance domicile-travail et les dommages résultant d'accidents de la circulation. En effet, il s'agit de dépenses visant à réparer des dommages infligés par la croissance elle-même et qui n'augmentent en aucune manière le bien-être.

Tous ces postes sont valorisés soit à des taux d'intérêt soit à des taux de salaire moyen. Sont ajoutés la consommation publique, les services rendus par les équipements collectifs (équipements scolaires, sanitaires, sociaux, jardins publics), les services rendus par les biens domestiques, les loisirs (les heures de loisir sont celles qui restent quand on a enlevé des vingt-quatre heures le sommeil, les repas, les occupations personnelles, le temps de travail, l'étude, le travail domestique, le repos, les relations sociales, les déplacements, la lecture des journaux, le temps consacré aux occupations diverses faites en regardant la télévision ou en écoutant la radio) ; le travail de la ménagère dans son foyer.

Deux choses me paraissent extrêmement importantes dans ces deux tentatives. D'une part, le contenu des rubriques. On voit bien, intuitivement, comment ces différents postes, ajoutés ou retranchés, correspondent bien, en effet, à des additions ou des diminutions de bien-être : le trajet domicile-travail, les pollutions diverses, les dépenses administratives destinées à réparer ou à prévenir des atteintes au patrimoine naturel, artificiel ou humain (pour les diminutions), le loisir (pour les additions)..., tout cela correspond à ce que nous ressentons tous les jours dans nos sociétés modernes comme des dommages et qui n'est pour l'instant transcrit nulle part. D'autre part, la méthode choisie, qui consiste à accorder des prix à chacune des activités ou des opérations ôtée ou retranchée en la comparant à des opérations marchandes équivalentes.

Panique chez les comptables nationaux

La réaction, très négative, de l'auteur de l'Insee qui présente ces tentatives est remarquable. On nous pardonnera de citer de larges extraits de son commentaire qui met en évidence l'ampleur de son préjugé. « Les travaux qui viennent d'être présentés ont un intérêt certain tant sur le plan statistique que sur le plan heuristique. Mais on peut être difficile à convaincre sur la capacité du NNW ou du MEW [Measure of Economic Welfare] à mesurer, approximativement ou non, un quelconque bien-être [...]. Ce qui *inquiète* au premier chef, de façon immédiate, c'est le sentiment profond et invincible d'arbitraire qu'on éprouve devant les méthodes d'évaluation et de délimitation du contenu de ce qui est censé mesurer un certain bien-être [...]. L'arbitraire vient donc de l'arbitraire des méthodes, c'est-à-dire d'une confrontation entre pratiques non suffisamment motivées. De telles divergences s'observent sur la mesure et aussi sur le contenu à mesurer [...]. Un nombre considérable d'éléments *entièrement nouveaux* va se trouver porté à l'attention des théoriciens du bien-être. Une telle *avalanche* de statistiques nouvelles existantes ou à créer, se présentant souvent en vrac, ne laisse pas d'*inquiéter fortement* les comptables nationaux. Car, pensent ces derniers, il faudra bien un jour ou l'autre intégrer tout cela dans une comptabilité nationale *démesurément* élargie, et on peut *redouter* de voir complètement dénaturer un cadre qu'on peut déjà qualifier de classique, parce que parvenu à une certaine perfection [1]. »

On ne peut renoncer à placer à côté de cette phrase la fameuse remarque de Malthus sur la nécessité que l'économie fasse science : « Si donc, avec M. Say, nous voulons faire de l'économie politique une science positive fondée sur l'expérience et susceptible de donner des résultats précis, il faut prendre le plus grand soin d'embrasser seulement, dans la définition du terme principal dont elle se sert [la richesse], les objets dont l'accroissement ou la diminution peuvent être susceptibles d'évaluation [2]. » On voit chez les deux auteurs, à presque

1. *Ibid.*, p. 22. C'est nous qui soulignons.
2. *Ibid.*, p. 13.

deux siècles d'intervalle, cette même préoccupation de promouvoir la science et l'exactitude au détriment de la réalité, et la peur de voir la précision ou la perfection d'un modèle, d'une représentation, détruite par l'adjonction de quelconques nouveautés.

L'analyse n'est pas close. Dans une troisième section de son article, Arkhipoff s'intéresse à l'aspect comptable de la problématique du bien-être. Dans cette partie, notre auteur disjoint la question du bien-être national de celle de la comptabilité nationale : « La problématique du bien-être national est suffisamment compliquée sur le plan des concepts pour qu'on ne vienne pas la rendre inextricable par des considérations a priori étrangères à l'objet essentiel de la question. Le classement rationnel des composantes d'un agrégat encore non défini (et qui n'est pas près de l'être) est un de ceux-là. C'est un problème d'urgence très secondaire. L'hypothèse que ce classement doit être comptable est sans fondement, jusqu'à plus ample informé. Les raisons qu'on croit devoir avancer à cette fin sont purement gratuites, quand ce ne sont pas de simples sophismes. D'inutile, l'hypothèse devient hautement dangereuse, quand elle contraint à déformer des éléments qu'on croit trouver au bien-être, d'une manière parfois déconcertante. L'attention excessive portée à de tels exercices intellectuels et aux paradoxes qui en découlent détourne l'esprit de l'objectif véritable, celui de définir et de mesurer le bien-être national.

On ne peut ensuite que conclure, d'une part, qu'actuellement la problématique du bien-être national n'impose actuellement nulle réforme de la comptabilité nationale, sinon nulle réforme du produit national lui-même, et, d'autre part, que cette problématique n'a rien à voir avec la comptabilité tout court[1]. »

On ne peut qu'être frappé de la violence de ces propos qui ne comportent aucun argument rationnel, et dont l'essentiel se résume à ne pas vouloir lâcher la proie pour l'ombre, et surtout à renvoyer vers le non-quantifiable, le non-comptable, la question de l'indicateur de bien-être. Loin de nous, d'ailleurs, l'idée de défendre cette conception d'un indicateur quantifiable de bien-être national. Mais il est intéressant de noter la peur qui saisit le comptable national lorsqu'on lui propose de redéfinir ses méthodes et d'actualiser son objet.

Sa manière de procéder est ici encore exactement semblable à celle de Malthus : certes, reconnaissent-ils, des quantités de choses sont très importantes pour le bien-être national, mais, de grâce, laissez-leur leur valeur symbolique et ne les faites pas entrer dans nos comptes. Ces arguments seraient acceptables si les discours qui s'emparent des comptes nationaux n'étaient pas ce qu'ils sont. Si les politiques prenaient soin de toujours indiquer que le taux de croissance

1. *Ibid.*, p. 29, 30.

n'est que celui du produit intérieur brut, qui ne mesure qu'une partie des biens et services appropriables par les individus, on pourrait accepter d'élaborer, à côté de la comptabilité nationale stricto sensu, d'autres indicateurs, de nature multiple, des indicateurs de variation de patrimoine, des comptes satellites, des enquêtes budget temps... Le problème est que nous disposons en partie de ces indicateurs, mais que nous ne les relions jamais entre eux et que de surcroît la comparaison internationale se fait sur le seul PIB.

Mais cela est indifférent au comptable. Terminons sur Arkhipoff : après la fin de non-recevoir opposée aux tenants d'une comptabilité nationale élargie, notre auteur propose un détour théorique, en seconde partie, qui constitue sa vraie réponse : car, comme on l'a vu, il n'a opéré aucune critique interne, donc constructive, des nouveaux indicateurs proposés. C'est bien parce que, selon lui, l'idée même d'un bien-être national est absurde ou du moins inconstructible dans son principe même, contradictoire en soi. Les derniers moments de l'article d'Arkhipoff, intitulés successivement « Bien-être national et satisfaction du consommateur » ; « Problématique générale de la mesure du bien-être » et « Annexe : l'agrégation des échelles de préférences », s'attachent à le démontrer.

Arkhipoff avait annoncé la couleur : « Dès le début, nous sommes partis d'une définition du bien-être national en termes d'agrégation d'échelles de préférences individuelles en une échelle de préférence collective et, depuis, nous n'avons encore rencontré aucune raison majeure qui puisse conduire à une révision fondamentale d'une telle définition, d'ailleurs on ne peut plus communément admise. » Ce point est essentiel : muni d'une telle conception, l'auteur ne pouvait pas même analyser les autres propositions, qui partaient, elles, d'un point de vue collectif, ou du moins qui tentaient d'instiller un point de vue collectif dans une comptabilité construite sur des principes individualistes.

Dire que l'on part d'une conception du bien-être national en termes de préférences individuelles, donc d'une conception purement utilitariste, individualiste et agrégative du bien-être, c'est évidemment se priver à tout jamais de comprendre quoi que ce soit aux tentatives plus globales. Il s'agit ni plus ni moins d'un cercle vicieux, puisque l'auteur n'aura plus qu'à récupérer et à appliquer à ce sujet un théorème bien connu des économistes à cette époque, le fameux théorème d'impossibilité d'Arrow, selon lequel il est impossible d'agréger des préférences individuelles. Et le tour est joué : on part de l'individu, on déclare qu'il est impossible d'agréger les différentes échelles de préférence des individus et l'on en déduit qu'un indicateur de bien-être national est impossible [1].

1. Sur cette question, voir « La valorisation de la philosophie en économie : Amartya Sen, prix Nobel d'économie 1998 », *Problèmes économiques*, n° 2.588, 28 octobre 1998, p. 1-3. On

On ne s'attardera pas sur le mépris dont fait preuve l'auteur en passant en revue les ouvertures proposées par quelques théoriciens pour construire des indicateurs sociaux ou tenter de définir la notion de bien-être. Tout cela est pour Arkhipoff absolument dénué d'intérêt. On ne s'attardera pas non plus sur le caractère péremptoire de ses affirmations. S'interrogeant sur la notion de collectif, évidemment centrale, il écrit : « Les considérations sur la nature de l'échelle de préférence individuelle ou collective ont fait anticiper sur la question de savoir comment se détermine la préférence collective. En d'autres termes, il importe essentiellement de s'inquiéter de la signification des termes "collectif", "représentatif", "déterminé de façon satisfaisante" [...]. La première exigence, si les mots "collectif" et "représentatif" ont un sens, c'est que cette préférence ne fasse pas abstraction de tout ou partie des préférences individuelles. C'est donc bien une agrégation des choix individuels, ou encore une consultation électorale, puisque l'avis de tous devra être sollicité [...]. Il est donc d'ores et déjà évident qu'hormis le cas de l'unanimité, la préférence collective ne pourra entériner de façon fidèle tous les choix individuels [...]. C'est

---

rappelle que le résultat de ce théorème est qu'aucune règle de décision d'agrégation des préférences des agents ne remplit les conditions permettant de dégager une relation de préférence collective cohérente.

dire que, dorénavant, les mots de "collectif", de "général"... devront être utilisés avec la plus grande des précautions. On s'en doutait depuis longtemps ; on le sait maintenant [1]. »

Il y a là une telle série de pétitions de principe qu'on en reste médusé. Car, bien sûr, on nous « démontrera », théorèmes et formules mathématiques à l'appui, que seul un dictateur pourrait faire émerger une véritable préférence collective. Autrement dit, pour résumer, ou bien les individus ont des préférences individuelles et, celles-ci ne pouvant être agrégées, il n'y a pas de bien-être collectif – c'est le point de vue d'Arkhipoff –, ou bien nous nous trouvons en dictature. La structure du raisonnement n'est pas extrêmement éloignée de celle de Rawls, les deux auteurs visant à ne pas « sacrifier » un individu à la logique d'ensemble. J'ai tenté d'expliquer par ailleurs pourquoi nous ne pouvions nous satisfaire, du moins ceux qui croient possible la détermination d'un bien commun, des démonstrations de Rawls en particulier et de ce genre de démonstration en général. Tous ces auteurs ont en effet en commun de ne pas faire appel à la parole, au débat, et en fin de compte, au principe démocratique par excellence, qui est celui de la majorité [2].

---

1. *Ibid.*, p. 39, 40.

2. Sur ces questions, voir les travaux d'Habermas et l'excellent compte-rendu de la polémique Habermas/Rawls que fait P. Pharo dans le numéro de la *Revue française de sociologie* de

On peut penser que sur des questions de répartition des biens, il revient aux individus qui, précisément, vivent en société, à eux et à nul autre, de déterminer ensemble et selon des procédures également choisies en commun (mais la littérature que nous étudions semble ignorer ce terme), les principes du vivre-ensemble et ses modalités, donc, à chaque instant, ce que peut être le bien collectif. Or, on ne peut nier qu'il existe des biens, des états et des activités qui sont bons pour la collectivité tout en représentant une désutilité pour un certain nombre d'individus. On peut penser qu'il est bon que les dépenses de santé soient financées par un prélèvement progressif sur les revenus, de manière à ce que les plus hauts revenus participent davantage au financement de ces dépenses par solidarité, que cela ne leur plaira peut-être pas, mais que cela est bon pour l'ensemble de la société ; de la même manière qu'il est sans doute bon à l'échelle de la collectivité qu'il y ait moins de chômage même si, à court terme, aucun acteur n'a intérêt à voir ses intérêts écornés ; de la même façon qu'on peut penser qu'il est bon pour l'ensemble de la société, y compris pour les générations futures, que l'environnement soit

---

septembre 1998, XXXIX-3, 1998, 591-608, intitulé : « Les limites de l'accord social. À propos du débat Habermas-Rawls sur la justice politique ». Voir également les travaux d'Armartya Sen qui ont été consacrés à l'analyse et à la critique du théorème d'Arrow.

préservé, même si chaque entreprise y voit un désavantage à court terme ou si chaque contribuable risque de devoir être obligé d'y consacrer quelques ressources supplémentaires.

Il y a dans toutes les théories désormais à la mode, y compris dans nos pays, des pétitions de principe insupportables, qui doivent être philosophiquement – et non pas économiquement – déconstruites. Soulignons l'équivoque de la notion de bien-être, tantôt considéré comme un simple synonyme de bonheur (mais, en effet, qu'est-ce que le bonheur national, et comment pourrait-on le mesurer ?), tantôt caractérisé comme totalement subjectif et non susceptible d'agrégation, et donc réduit à n'être qu'une satisfaction subjective. Tout irait peut-être mieux si l'on redonnait aux mots (bien-être, bonheur, utilité...) leur véritable sens et si l'économie se dotait d'un langage propre (compréhensible de surcroît par le commun des mortels) et explicitait ses présupposés. Il est juste que « bien-être » renvoie dans la tradition philosophique à un état psychologique subjectif qui se prête difficilement à la comparaison. De la même manière, le bonheur est sans doute difficile à quantifier, voire à décrire ou à décomposer en composants premiers.

Les services improductifs de l'État

L'essence individualiste et subjectiviste de la comptabilité nationale se traduit encore d'une autre manière : dans la prise en compte dramatiquement restreinte du rôle de l'État ou, d'une manière générale, des fonctions collectives. On a dit que, jusqu'en 1976, les services non marchands étaient exclus de la production. À cette date, on a ajouté à la production de biens et services marchands la production non marchande, calculée d'une tout autre manière que la précédente. Alors que la première résulte de la somme des valeurs ajoutées, la seconde consiste en l'addition des coûts de production. De la même façon, comme le reconnaissent les spécialistes eux-mêmes, « les services collectifs rendus par les administrations sont mal décrits [...], la consommation de ces services non marchands est inexistante dans la comptabilité nationale ». De surcroît, « la constitution d'équipements collectifs est statistiquement déconsidérée. Si l'investissement créateur figure bien dans le PIB de l'année de construction, parce qu'il fait l'objet d'une transaction, le flux de services gratuits résultant de cet investissement les années ultérieures ne figure pas dans le produit intérieur brut de ces années : c'est là une différence fondamentale avec l'investissement productif. Le produit intérieur brut augmentera d'autant moins que la part faite aux équipements collectifs aura été plus forte dans les années antérieures [1]. »

1. É. Archambault, *op. cit.*, p. 184-185.

Fourquet a insisté à plusieurs reprises sur cette absence de prise en compte sérieuse de l'État dans la comptabilité nationale naissante, qui est paradoxale, puisque ses inventeurs eux-mêmes, inspirés par les théories keynésiennes, voulaient mettre en évidence le rôle de l'État dans le dynamisme de l'économie. Mais, ce faisant, ils ont malgré tout considéré l'État comme totalement improductif et donc, d'une certaine manière, ses services (et les services collectifs d'une manière générale) comme inutiles. Comme l'écrit Fourquet, lorsqu'on ajoute, en 1976, la production non marchande à la production marchande, fondamentalement, rien ne change.

Tout se passe en effet comme si l'on continuait de penser l'État comme incitateur, voire multiplicateur de l'initiative privée, c'est-à-dire dans son essence comme un adjuvant. Les services collectifs deviennent alors un moindre mal, mais toujours un service rendu et financé grâce à l'existence de richesses, créées, elles, exclusivement par la production privée. Or, il nous faut certainement revenir aujourd'hui sur ce présupposé qui veut que tout service collectif, organisé pour le collectif, soit nécessairement, ainsi que l'ensemble du social (dès lors qu'il n'est pas organisé par le privé), une dépense à laquelle s'oblige la collectivité, pour y substituer une idée plus large et plus dynamique de la richesse, conçue comme l'ensemble des augmentations ou des améliorations apportées à un patrimoine commun, un ensemble de dispositifs, de biens, de services et de patrimoines bons pour l'ensemble de la société, individus et collectif compris.

Notre attention se porte exclusivement sur la croissance du volume (et du prix) des biens et services échangés, en postulant de surcroît que cela seul a une utilité. Mais quelle utilité ? En outre, nous faisons comme si la croissance de cet indicateur nous donnait une bonne idée de notre puissance (par rapport aux autres nations) : mais la puissance consiste-t-elle seulement dans le volume échangé de biens et services ? Qu'est-ce qui est productif aujourd'hui ? Ou encore, qu'est-ce qui nous procure – selon les catégories de Fourquet – la puissance ?

Si ce que dit Fourquet est vrai (« est productif ce qui crée la richesse et la puissance d'une nation en guerre [...]. C'est la défaite de 40 qui a éveillé beaucoup de mes interlocuteurs et les a portés vers l'étude économique, parce qu'ils ont vu sa cause ultime dans la faiblesse industrielle et le malthusianisme de la France [1] »), il faudra revenir sur la question de savoir ce qui est, pour nous, aujourd'hui, constitutif de la puissance. Attardons-nous encore sur la question du productif : « J'essaye

1. É. Archambault, *op. cit.*, p. 151.

de saisir à sa source, écrit Fourquet, la logique subjective, le mouvement intérieur qui, bien avant que la conscience scientifique s'en mêle, a déjà séparé le bon grain productif de l'ivraie stérile, a déjà décidé que l'armée, la police et l'appareil d'État en général, ou la sécurité sociale, même indispensables au bon fonctionnement social, n'accéderaient pas à la dignité du productif. L'État ne contribue pas à la richesse de la nation, ni même à sa puissance profonde, même s'il conduit la politique et la guerre ; il dépend entièrement du "potentiel" économique qu'il vampirise par l'impôt ou l'emprunt. Est productif ce qui augmente ce potentiel, improductif ce qui le bloque, le diminue ou l'impute par des usages stériles (comme le gonflement des administrations, les dépenses militaires...). Voilà pourquoi le marché circonscrit le domaine de la production : non pas en vertu d'un préjugé libéral qui fait du marché une valeur suprême, mais en vertu d'un procédé empirique qui constate que seules les entreprises productives vendent des marchandises, des "*vendible commodities*", comme dit Adam Smith, et qui fournit en outre un commode instrument de mesure : le prix[1]. »

Nous sommes de fait renvoyés à cet ensemble-là, les échanges de biens et services, et à la question de leur utilité.

1. É. Archambault, *op. cit.*, p. 153.

5. COMMENT DÉTERMINER « L'UTILITÉ » DE LA PRODUCTION ?

Dans cette recherche sur la nature de la richesse et sur les causes de sa réduction au PIB, il nous faut maintenant revenir sur la question de l'utilité sociale de la production. En effet, si la grande majorité des courants politiques ainsi que de nos concitoyens persistent à voir dans le taux de croissance du PIB l'indice essentiel de réussite de notre société, c'est parce que celui-ci est un indicateur à deux faces, dont l'une concerne la production et l'autre la consommation (en simplifiant outrageusement), et que celle-ci est presque unanimement considérée comme une bonne chose. « Dans le système néoclassique, écrit Galbraith, la consommation est généralement quelque chose de parfait qu'il faut maximiser par tout moyen légitime et socialement inoffensif. *C'est aussi un plaisir curieusement sans nuages.* » Toute augmentation du taux de croissance du PIB est bonne parce qu'elle signifie une augmentation de la consommation des ménages, c'est-à-dire de la satisfaction des besoins humains, qui sont infinis. Dès lors, le taux de croissance est tout à la fois synonyme de progrès et de bonheur (dans la tradition de l'économie classique, l'augmentation de la satisfaction se nomme plaisir, ou utilité, ou encore bonheur).

La consommation, c'est le progrès

L'assimilation production-consommation-progrès est désormais de l'ordre de l'évidence, même si elle est récente. Elle recouvre plusieurs dimensions. La croissance de la production est pensée comme progrès d'abord parce qu'elle permet que soient mis à la disposition des hommes des biens et des services de plus en plus nombreux et de plus en plus variés : tout se passe comme si la variété et la quantité étaient en elles-mêmes synonymes de progrès, sans qu'il soit nécessaire d'interroger plus longuement, par exemple, la qualité des biens et services ainsi présentés, la qualité de leur accès, leur adéquation aux besoins, sans parler de la mesure de leur utilité « en soi », évidemment très difficile à réaliser. L'idée fondamentale qui se trouve au fondement de ce raisonnement est bien celle de satisfaction des besoins : la croissance de la production, et donc (après des détours plus ou moins longs) de la consommation est fondamentalement bonne et signe de progrès parce que les besoins humains sont toujours plus satisfaits, et que « l'utilité universelle » est ainsi augmentée.

Le champ de l'utilité est potentiellement infini : on peut tout mettre en forme pour le désir de l'autre et donc tout transformer en source de valeur. Dès lors qu'elle consiste en la mise à disposition de quelqu'un d'un supplément d'utilité ou de valeur, la consommation est bonne ; par là même, qu'un seul besoin humain se voie satisfait, et il y a progrès. On remarquera d'ailleurs que le taux de croissance, en général traduit en termes de hausse du niveau de vie, est le plus souvent interprété comme la preuve de « l'avancée » d'une société, ou encore de son degré de civilisation.

Il me semble que cette idée de progrès – associé à l'accroissement numérique de la production et de la consommation – s'enracine dans deux types de représentation qui ont façonné nos manières de penser. D'abord, dans l'idée, issue du XIXe siècle, qu'à travers l'acte de production l'homme aménage la Nature, se la soumet, la réduit, voire l'anéantit, installe de l'humain partout où il y avait du naturel, de l'artifice et de la culture en lieu et place de ce qui existe, et exerce ainsi pleinement sa vocation – du moins celle que lui ont assignée les Temps modernes. Dès lors qu'elle est interprétée ainsi, comme une sorte de spiritualisation du naturel, la production est d'une certaine manière sanctifiée en chacune de ses modalités. La réalisation de produits de plus en plus sophistiqués, de services de plus en plus immatériels, d'inventions diverses et d'innovations en tous genres (qu'il s'agisse de la pénicilline ou de l'emballage d'un yaourt), est vécue et présentée comme autant de victoires de l'esprit humain sur l'inertie de la matière. La comptabilité nationale peut alors être lue comme le tableau de notre progression sur le Rien, dessinant notre avancée sur le chemin de la civilisation.

Progrès de la consommation, progrès de la civilisation

L'autre idée (qui n'est que l'envers de celle-ci) est que, si l'acte de production transforme la Nature, la consommation transforme aussi profondément celui qui s'y livre. Il s'agit d'un schème très proche de la dialectique hégélienne : en transformant le Monde, en exerçant cette forme particulière de consommation qui consiste à s'approprier les choses en les connaissant, ou en les façonnant, je me transforme moi-même, parce que je fais s'exercer des facultés qui n'étaient en moi qu'à l'état latent. Say écrit ainsi, dans son *Cours complet* : « L'expérience nous apprend [...] que le bonheur de l'homme est attaché au développement de ses facultés ; or son existence est d'autant plus complète, ses facultés s'exercent d'autant plus qu'il consomme davantage. On ne fait plus attention qu'en cherchant à borner nos désirs, on rapproche involontairement l'homme de la brute [1]. »

On est là au plus près de l'assimilation consommation-civilisation : la consommation est en fait, dans cette perspective philosophique, une des

1. J.-B. Say, *Cours complet*, 1840, Guillaumin, livre I, p. 54.

manières de faire passer à l'acte nombre de nos facultés qui, sans cette excitation infligée par le monde extérieur, seraient demeurées en puissance : la fonction crée en quelque sorte l'organe. Un autre économiste, J. B. Clark, ira encore plus loin plus d'un demi-siècle plus tard, mais il ne fera qu'exprimer clairement un des poncifs de cette époque (qui est encore un poncif de la nôtre, même si nous ne prenons même plus la peine de l'expliciter) : « Le simple accroissement du pouvoir de gain, sans éducation spéciale, augmente la série des besoins, mais le progrès intellectuel et moral coopère avec lui dans ce sens et amène à l'état d'activité des besoins latents [1]. »

L'accroissement des ressources destinées à la consommation augmente les besoins, qui poussent à leur tour à la fabrication d'un nouveau produit, qui permet que de nouvelles facultés soient stimulées par la consommation : il y a donc un mouvement incessant d'amélioration, de progrès, puisque, à de nouvelles consommations, succèdent de nouveaux besoins, satisfaits par de nouveaux produits... Le progrès est donc bien simultanément progrès de l'homme – d'un point de vue physiologique et psychologique : l'homme devient plus fin, plus raffiné, plus intelligent, plus civilisé grâce à ces nouveaux produits que non seulement il a l'ingéniosité de fabriquer mais qui, d'une certaine manière, rendent

1. J. B. Clark, *Principes d'économie politique*, 1907, p. 188.

ses sens et son intelligence plus sensibles, plus délicats – et progrès de la civilisation.

On pourrait enfin rattacher à ce tableau une troisième représentation – issue du XVIIIe siècle – sur laquelle je ne m'attarderai pas parce qu'elle a été maintes et maintes fois commentée : la dialectique production-consommation est synonyme de progrès parce qu'elle tisse des liens forts à travers la terre entière par le biais du commerce, rapproche les hommes, les oblige à la sociabilité, leur fait découvrir de nouveaux produits, de nouveaux modes de consommation et, de fait, les rend plus intelligents et plus civilisés.

La consommation, c'est le bonheur

Si l'on adopte maintenant le point de vue de l'individu, il est plus courant d'assimiler consommation et bonheur. Bonheur au sens d'abord où l'économie (ou plutôt la physio-éco-philosophie naissante) l'entendait au XVIIIe siècle : il y a surcroît de bonheur lorsqu'il y a surcroît d'utilité ou de plaisir, et c'est le cas chaque fois qu'un acte de consommation est réalisé, puisque celui-ci est par essence l'expression d'un choix ou d'une préférence. À la limite, il est tautologique d'affirmer l'identité de la consommation et du bonheur. On peut traduire en termes plus quotidiens cette identité : consommer, c'est avoir accès à de multiples biens et services, c'est exercer un choix parmi ceux-ci et parmi différentes combinaisons possibles de biens et services. L'individu peut d'abord consommer ou pas, acheter tel bien plutôt que celui-ci, exercer ses facultés, son goût, faire des comparaisons, soupeser... Il y a là un immense champ pour le regard et le calcul, un immense champ – l'un des rares sans doute – pour l'exercice de la faculté de choix, et donc de la liberté. Il n'est sans doute pas indifférent que les économistes aient fait de ce champ-là le modèle du marché, et de la consommation le modèle de l'acte libre par excellence. Il n'est pas indifférent non plus que l'une des grandes passions contemporaines (encore plus, paraît-il, aux États-Unis qu'en Europe) soit, sinon la consommation, du moins le *shopping*, qui porte en lui toute cette dimension d'exercice intéressé du regard (voyeurisme ?), accompagné de jouissance.

Dès lors, il ne viendrait aujourd'hui à l'idée de personne de remettre en question un tant soit peu l'objectif principal affiché par nos sociétés – augmenter la consommation – et cela surtout pas, évidemment, à une époque où un nombre de plus en plus grand de nos concitoyens n'ont pas les moyens de consommer ce qui leur est pourtant absolument nécessaire, où l'augmentation des salaires permettant l'exercice minimal de cette consommation constitue une revendication majeure et où la consommation apparaît pour une part importante de la population comme ce qu'elle est originellement : le moyen de survivre. La grande époque de remise en question de la consommation a précisément été concomitante des trente années d'augmentation du pouvoir d'achat, d'élévation du niveau de vie général et d'accès très généralisé des ménages européens à des produits qui ont radicalement transformé leurs conditions de vie. Mais, dès que le ralentissement de la croissance s'est annoncé, la critique a brutalement cessé. Comme dans le cas du travail, on est passé d'un extrême à l'autre, de la remise en question la plus radicale à une adoration violente, à des supplications ardentes et à l'énoncé d'impératifs sociaux : le taux de consommation des ménages est sous haute surveillance, de même que le taux de croissance du PIB et – on ne s'en plaindra pas – le taux de chômage.

À qui la production est-elle utile ?

Cette assimilation du taux de consommation au progrès ne recouvre-t-elle pas des simplifications outrancières ?

Commençons par un point essentiel : tous les raisonnements précédents reposent sur une confusion entre utilité économique et utilité sociale de la production. Nous vivons sur le postulat selon lequel l'ensemble des biens et services que nous nous approprions seraient utiles, précisément parce que nous nous les approprions : si les produits présentés sont fabriqués, c'est parce qu'ils sont utiles (les producteurs ont fait des études de marché et tenté de répondre aux besoins fondamentaux des individus) ; s'ils sont achetés, c'est parce qu'ils répondent aux besoins (ou aux désirs) des individus (le consommateur est roi, il choisit librement, il décide entre tous les produits à partir de son échelle de préférence propre). D'ailleurs, ne dit-on pas que notre époque est celle du consommateur roi, que celui-ci n'a précisément jamais eu un pouvoir aussi grand sur la production ; que les producteurs sont en quelque sorte placés sous la dictature permanente du consommateur, qui décide, en dernier ressort, du produit qu'il désire, de la gamme, de la couleur... ; que le moindre des changements d'humeur du consommateur peut provoquer de vastes restructurations de l'appareil productif, soumis à sa tyrannie et rendu flexible en partie de son fait ? Nous serions donc tributaires de la logique qu'exposait Galbraith dès 1961 pour la critiquer : « Le principe fondamental du système néoclassique est que l'individu, utilisant un revenu qui a sa source principale dans ses propres activités productives, manifeste ce désir en répartissant ce revenu entre les divers biens et services qui sont à sa disposition sur le marché [...]. La volonté de l'individu ainsi exprimée est transmise au producteur par le marché, en même temps que les désirs d'autres individus [...]. Ainsi donc, le système économique se place sous l'autorité finale de l'individu, c'est-à-dire du consommateur [1]. »

Ne doit-on pas exprimer quelques doutes sur cette argumentation ? Peut-on vraiment croire, d'une part, que les entreprises qui nous déversent aujourd'hui leurs nouveaux produits sont bien celles que nous présentent les théories classiques et néoclassiques (sages petites entreprises, s'ignorant les unes les autres, ne se coalisant pas, ne s'organisant pas en oligopoles ou en monopoles, n'imposant pas leurs produits) et, d'autre part, que c'est en fin de compte le consommateur qui décide souverainement des produits qui vont pouvoir satisfaire ses besoins ? Peut-on encore croire ces deux allégations qui en appellent à une conception par trop grossière de l'adéquation entre besoin et produit susceptible de le satisfaire et de la traduction du besoin en produit par le producteur ?

Galbraith a mis en évidence depuis longtemps les deux illusions sur lesquelles repose ce modèle idéal : l'illusion d'entreprises soumises à la loi du marché et l'illusion du consommateur roi. « Cette vision admirable du pouvoir final de l'utilisateur, écrit-il, perd toute signification dès l'instant que les goûts et les besoins de ce dernier sont gouvernés par le producteur. Il n'est pas possible de croire que l'économie

1. *La Science économique et l'intérêt général*, Gallimard, 1974, p. 29-30.

soit en fin de compte au service du consommateur s'il est prouvé que le producteur peut manipuler le consommateur, c'est-à-dire le plier à ses propres exigences [1]. » Et cela est vrai des prix comme de la nature même des biens et services qui sont mis sur le marché par les entreprises. Galbraith démontre admirablement comment, sous couvert de satisfaction des besoins essentiels de tous, la société anonyme moderne invente perpétuellement de nouveaux prétendus besoins : « L'innovation, au sens moderne du terme, a le plus souvent pour but de créer de toutes pièces un besoin dont personne, jusqu'ici, n'avait perçu l'existence [...]. L'étude de marché appelle un mot d'explication. On dit parfois que son rôle est de révéler les besoins du consommateur. D'où l'on conclut qu'elle prouve, du fait même qu'elle existe, que le consommateur est le maître et qu'elle donne la garantie que la production est subordonnée, dans les meilleures conditions d'efficacité, à son pouvoir souverain. Très souvent, et même le plus souvent, sa véritable raison d'être est de déterminer quelles sont les meilleures conditions techniques de séduction, ou comment tels produits, telles qualités ou tels emballages se prêteront le mieux à l'action persuasive. La firme se trouve ainsi renseignée sur la façon dont elle peut dépenser son argent le plus utilement à des fins de persuasion, sur

1. *Ibid.*, p. 170.

les efforts de vente les plus productifs, sur la nature des produits – et sur les quantités – qui s'accordent le mieux au conditionnement du consommateur. On ne saurait prétendre que pareille opération atteste la suprématie de ce dernier [1]. »

On pourrait objecter que Galbraith est dépassé. On nous parle aujourd'hui de consommateur responsable, prudent, citoyen, écologique... mais qui soutiendra que le producteur ne garde pas, plus que jamais, la haute main sur le processus ? Tout se passe, certes, comme s'il s'opérait, au moins pour une partie de la conception du produit, une sorte de coproduction, et qu'en effet les désirs du consommateur étaient mieux pris en compte. Il n'en reste pas moins que ce ne sont pas les besoins des consommateurs qui déterminent la production (sans doute nous satisferions-nous de trois marques de yaourt s'il n'y en avait que trois et pas quatre-vingts), mais bien les producteurs, qui s'efforcent d'inventer des produits (et des présentations de ceux-ci) susceptibles d'exciter le désir du client ou, mieux, de susciter de nouveaux désirs (pensons à cette série de produits mixtes actuellement en cours de lancement sur le marché : les aliments-médicaments pour troisième et quatrième âge, les nourritures-jouets pour les enfants...).

Pour qui a un peu fréquenté les cabinets de publicité ou d'études de marché, il est clair que le

1. *Ibid.*, p. 173.

raisonnement des producteurs consiste d'abord à se demander où est l'argent – il n'est pas difficile de savoir qu'il se trouve, grossièrement, chez une partie du troisième âge, les seniors, et chez les familles moyennes-aisées qui sont prêtes à investir pour leurs enfants –, puis à trouver un nouveau concept-produit, et enfin à concevoir des méthodes de présentation et de séduction adéquates. L'ambiguïté essentielle vient évidemment du terme de besoin. Acquérir une crème aux acides de fruits, un yaourt revitalisant ou une compote pédagogique (respectivement pour la femme de quarante ans, le senior fatigué ou le bébé de moins de trois ans), est-ce satisfaire un besoin ?

Logique du besoin, logique du désir

Il s'agit manifestement de tout autre chose. On nous dira, certes, que le besoin n'est pas une notion naturelle, mais qu'il est profondément lié aux époques, aux types de société... Il ne serait donc pas possible d'opérer, du haut d'on ne sait quels principes, une distinction entre des besoins (naturels et nécessaires) et des désirs (changeants, éphémères, subjectifs...). On nous opposera également que le consommateur est libre et qu'il est en particulier libre d'appeler besoin toute envie qui exige d'être satisfaite. Je crois qu'il nous faut néanmoins faire des distinctions et éviter les confusions dont jouent les économistes et les producteurs, confusions qui nous entraînent, depuis le début de la société dite de consommation, sur la pente glissante du mauvais infini. L'argument des besoins est l'argument majeur des thuriféraires de la croissance : nous devons absolument viser à la croissance la plus forte possible, car les besoins humains sont infinis. Et lorsqu'on a dit cela, tout est dit. Le contradicteur n'a plus qu'à plier bagage ; car comment pourrait-il oser ne pas vouloir satisfaire les besoins humains, et donc faire progresser l'humanité, la rendre plus heureuse, toujours plus libérée de la tyrannie de la nécessité ? C'est aussi l'argument qui permet de couper court à toute discussion qui s'engage sur la dégradation des conditions de travail ou le surinvestissement dans le travail : nous avons besoin d'une quantité toujours plus grande de production et de consommation, parce que les besoins humains sont infinis. Tel est l'alpha et l'oméga de tout raisonnement sur la croissance. Ce qui, on l'avouera, est tout de même un peu maigre.

Au risque de faire sourire, il me semble qu'il faut d'abord faire des distinctions, bien connues des philosophes, entre besoins naturels et nécessaires, non naturels et nécessaires, non naturels et non nécessaires. Sans entrer dans le détail, rappelons simplement que les besoins ne sont pas par nature infinis, même si l'économie s'appuie le plus souvent sur des conceptions d'une pauvreté affligeante pour nous le faire croire. Le besoin est, par définition, satiable, il fait souffrir, jusqu'à ce qu'il soit satisfait ; le besoin a une forte composante physiologique et/ou naturelle, donc assez comparable et assez objectivable pour une société donnée, et sa non-satisfaction peut entraîner la mort.

En revanche, on ne peut appliquer cette logique à l'ensemble des désirs humains. Le désir, lui, a pour essence d'être infini, insatiable ; il se nourrit de son infinité et n'est jamais comblé. Il ne s'agit pas des mêmes visées et ce ne sont pas les mêmes réponses qui peuvent être apportées au désir et au besoin. On peut avoir besoin d'une certaine quantité de nourriture, de vêtements ou d'un logement, besoin qui varie évidemment avec le développement économique et socioculturel des différentes sociétés. Mais on ne peut pas avoir besoin – au sens strict du terme – de gadgets toujours plus sophistiqués pour communiquer, de collants toujours plus fins ou d'emballages toujours plus excitants. Or l'économie vit de cette confusion : elle vit sur le désir et non pas sur le besoin, ou sur le grimage du désir en besoin. Dès lors, sa tâche et sa vocation sont en effet infinies : si elle s'est vouée à combler tous les désirs humains – désirs qui ne se limitent de surcroît en aucune manière aux biens et services –, voire à en créer toujours de nouveaux, alors jamais nous n'en aurons fini avec elle.

Encore une critique morale de la consommation, dira-t-on, et sur la base d'une distinction datée entre désir et besoin. Il semble pourtant que cette distinction clarifie les enjeux : soit notre objectif est la croissance parce que ce qui nous importe au plus haut point est que les besoins humains de l'ensemble de la population soient satisfaits. Alors, il nous faut connaître exactement ce qu'il en est de ces besoins à la fois d'un point de vue naturel et physiologique et aussi du point de vue de la société – c'est ce type de raisonnement qui a donné lieu à l'élaboration d'indices de pauvreté absolue intéressants mais insuffisants car trop « naturalistes [1] » –, et faire en sorte que ces besoins très concrets soient satisfaits, donc être capables de produire des logements, des équipements, des vêtements pour tous, non seulement pour satisfaire des besoins physiologiques « naturels »,

1. Voir le numéro spécial d'*Économie et statistique* n° 308-309-310, 1997, consacré à la pauvreté, où est très bien explicitée la manière dont un certain nombre de pays, dont les États-Unis, emploient ce concept de pauvreté absolue. Il s'agit de déterminer ce que sont les besoins de base ou primaires, un niveau de consommation minimal au-dessous duquel une personne ne peut pas vivre. On détermine par exemple des menus types satisfaisant aux exigences d'un travailleur manuel. Il existe aussi une autre manière de mesurer la pauvreté, dite approche subjective, où est considéré comme pauvre celui qui déclare que son revenu ne lui permet pas d'atteindre ce qu'il estime être le revenu minimal nécessaire. La troisième approche est celle par le revenu (en général, moitié du revenu médian).

mais aussi les besoins qu'implique l'appartenance à une société donnée... Soit notre objectif est autre, il est de produire tout et n'importe quoi, à tout prix, de laisser les producteurs produire ce qu'ils veulent et pour qui ils veulent, et on peut alors être à peu près certain que l'objectif de rentabilité l'emportera, sous la forme de produits peu durables ou orientés vers les segments les plus riches de la société. Où l'on voit qu'une des conséquences de cette confusion entre besoin et désir est que personne ne s'intéresse vraiment à la question de savoir qui consomme.

Taux de croissance et inégalités de consommation

Le taux de croissance est totalement indifférent à la proportion de la population qui a consommé, de même qu'il est indifférent à la composition de cette consommation. Vendre quelques gros avions à l'étranger, enregistrer la vente de quelques Jaguar ou la construction de milliers de logements, cela n'affecte pas le taux de croissance. L'hypocrisie consiste à ne s'intéresser qu'au taux de croissance de la consommation sans jamais regarder la manière dont celui-ci se décompose entre les différentes catégories de la population, entre les différentes sortes de besoins. S'il s'avérait que ce sont les désirs d'une minorité qui guident la production, pourrait-on alors vraiment dire que celle-ci est une production socialement utile ? Peut-être l'est-elle économiquement, car elle gonfle les chiffres et fait croire au progrès, mais qui est concerné par celui-ci ? « La production n'est pas nécessairement forte là où le besoin est fort, écrivait Galbraith il y a quarante ans [...]. Il suffit de penser un instant aux secteurs économiques dont la production est surabondante – l'automobile, les armements, les lessives, les désodorisants et les détergents [1]. » En 1998, dans le *Rapport* du PNUD sur le développement humain, Galbraith reprend les mêmes propos : la souveraineté du consommateur, autrefois dominée par le besoin d'un toit et de nourriture, l'est aujourd'hui par la nécessité profondément artificielle de consommer une variété infinie de biens et de services. « Telle est toutefois la situation dans ce qu'il est convenu d'appeler le secteur privé. On ne constate pas la même abondance dans les services proposés par l'État. L'offre de services sociaux, de soins de santé, d'éducation – surtout d'éducation, de logements sociaux pour les plus démunis, de nourriture même, ainsi que de mesures de protection de la vie et de l'environnement, est limitée [2]. » Le PNUD, dans son *Rapport mondial sur le développement humain* 1998, met cette question au centre de ses investigations : quels sont les

1. *Ibid.*, p. 182.
2. J. K. Galbraith, « De l'influence persistante de l'abondance », in *Rapport mondial sur le développement humain*, PNUD, 1998.

rapports entre consommation et développement humain ? La consommation est manifestement un moyen essentiel, mais, écrivent les rapporteurs, elle ne débouche pas automatiquement sur le développement humain. Aujourd'hui, « la consommation met en péril les ressources de l'environnement et exacerbe les inégalités [1] » et un certain nombre de conditions doivent être respectées pour que la relation soit positive. Et pourtant, tous, hommes politiques en tête, continuent de soutenir que la maximisation de la production et de la consommation est la meilleure des choses et que la consommation, du fait même qu'elle s'effectue, révèle la souveraineté du consommateur, car elle lui permet d'exercer son libre choix.

Résumons-nous. Sous couvert d'amélioration des biens et services produits – donc d'innovation ou de progrès –, le taux de croissance peut ne recouvrir aucune augmentation de l'utilité sociale de la production. Nous n'avons de toute façon aucun moyen de mesurer celle-ci, puisque les consommateurs ne peuvent acheter que les produits qui leur sont présentés, et que cela n'équivaut en rien à une liberté de choix : si le système (État et grandes entreprises confondues) a « décidé » de promouvoir la voiture individuelle et le transport routier plutôt que la bicyclette et les transports en commun ferroviaires, le

1. *Rapport mondial sur le développement humain*, vue d'ensemble, *op. cit.*

consommateur n'a guère le choix. L'utilité sociale en est-elle augmentée ? Rien n'est moins sûr. D'autre part, sous prétexte de satisfaire les besoins humains, on invente de nouveaux biens et services qui ne satisfont ni des besoins ni des désirs, mais un mixte des deux, dont la dimension sociale et comparative est très prononcée (la fameuse « distinction » de Bourdieu). Enfin, sous couvert de satisfaire les besoins de tous, ce sont les besoins des catégories solvables de la population qui sont satisfaits, cependant que les moins favorisés voient leurs besoins primaires de moins en moins pris en compte.

Le véritable problème réside bien évidemment dans le fait que ce sont désormais les entreprises, et tout particulièrement les grosses entreprises présentes dans plusieurs pays, dont les chiffres d'affaires dépassent le budget de centaines d'États (autrefois appelées « multinationales »), dont le pouvoir n'a jamais été aussi grand, qui décident désormais presque entièrement des nouveaux produits qui seront déversés sur ces marchés. Elles prospectent les marchés ou les segments de marché ou de clientèle porteurs et inventent pour eux des produits adaptés, c'est-à-dire susceptibles de les tenter : on est très loin de la logique d'un consommateur faisant passer des messages au producteur. Elles imposent des mouvements de mode, ce qui ne signifie pas nécessairement d'ailleurs que le produit est totalement inutile : cela veut dire qu'il va être difficile de s'en passer, soit par effet de distinction sociale, soit parce que les autres posséderont ce produit et qu'il deviendra très difficile de ne pas l'avoir pour rester en contact avec eux, soit encore parce que le produit facilite en effet la vie.

La question essentielle est bien celle de la véritable utilité de ces nouveaux produits – non pas de leur utilité économique, car on est bien d'accord sur le fait qu'ils augmentent tout à la fois les profits des entreprises productrices, le taux de croissance du PIB et la satisfaction de ceux qui l'ont acquis –, mais de leur utilité au sens social du terme. En quoi la production de ce produit a-t-elle augmenté le bien-être total de la société ? S'il s'avérait que le bien-être individuel de seulement 100 000 personnes avait été augmenté, cela serait-il bon ? Cela constituerait-il un progrès ?

Je ne m'arrête pas à l'argument bien connu qui permettrait d'éluder cette question, et qui consiste à dire qu'il nous importe peu que ce produit n'accroisse la satisfaction que de quelques personnes, puisque sa production a permis de créer des emplois et de nourrir la croissance. Car l'on voit immédiatement qu'ainsi on pourrait finir par avoir un gros taux de croissance qui ne recouvrirait l'augmentation de la satisfaction que de quelques-uns, et que, d'autre part, on est sans cesse renvoyé à la question des raisons du caractère naturellement bon de la croissance. Mieux vaut, me semble-t-il, trouver une manière satisfaisante de mesurer l'utilité de la production, de mesurer ce qui, dans la production, apporte vraiment un progrès et ce qui ne le fait qu'en apparence. Raisonner en termes de risques et de coûts me semble une méthode intéressante.

Les coûts cachés de la croissance (1) : le coût environnemental

Les critiques traditionnelles de la croissance, en particulier dans les années soixante-dix (rapport Meadows, écologistes, Galbraith...) se sont beaucoup concentrées sur les risques et les coûts de la croissance du point de vue des dommages infligés à l'environnement. Il s'agit là d'une approche d'autant plus intéressante qu'à la différence de la comptabilité classique, qui additionne les quantités positives et omet les négatives, cette approche attire l'attention non seulement sur le caractère néfaste de certains actes, mais surtout sur les dommages extérieurs (au champ classique de l'économie) qui peuvent être produits. Le rapport Meadows, dont les méthodes d'évaluation ont parfois été jugées floues ou défaillantes, s'était essentiellement concentré sur les effets négatifs en termes de ressources naturelles de la planète. Galbraith, qui n'en appelait pas à une croissance zéro mais à une croissance plus qualitative et mieux répartie, s'appuyait aussi sur ces arguments : « La croissance ne fait qu'aggraver la pollution de l'air et de l'eau, et d'une façon générale, la rupture d'équilibre de l'environnement. » Ces arguments sont évidemment très recevables, et de surcroît d'une grande actualité (on parle aujourd'hui de futures pénuries d'eau potable dans environ quatre-vingts pays). Cependant, ces critiques concernaient plus l'agriculture et l'industrie que le secteur des services, c'est-à-dire celui qui est appelé à se développer aujourd'hui. Mais le *Rapport mondial sur le développement humain* 1998 et de nombreux rapports officiels attirent à nouveau l'attention aujourd'hui sur les coûts environnementaux de la croissance. Le *Rapport* du PNUD démontre, chiffres à l'appui, que la croissance à tout-va de la consommation soumet l'environnement à rude épreuve : les rejets et les déchets polluent la planète et détruisent les écosystèmes, tandis que l'appauvrissement et la dégradation des ressources renouvelables mettent en péril les moyens de subsistance [1]. Il souligne que les problèmes environnementaux découlent en partie d'une situation d'abondance, mais aussi de l'aggravation de la pauvreté.

Les coûts cachés de la croissance (2) : le coût de la flexibilisation du système socioproductif

Un autre type de coût doit être pris en compte (ce qui n'est pas fait actuellement) : celui qui est issu

1. *Ibid.*

des restructurations incessantes du système socio-productif, c'est-à-dire le coût de sa flexibilisation, destinée à le rendre plus réactif et dès lors plus à même de répondre vite et bien aux demandes du client-roi. Personne n'a jamais calculé ces coûts. Quels sont-ils ? Ce sont des coûts en termes de conditions de travail, d'abord : intensification du travail pour les travailleurs en place, augmentation du stress et de la souffrance au travail, angoisse devant les multiples changements de conditions de travail et de statut d'emploi qu'il faudra affronter dans sa vie professionnelle, angoisse du chômage. Des coûts humains, donc, dans lesquels il faut aussi faire rentrer la flexibilisation des contrats de travail et des horaires.

Des coûts en termes d'investissements humains non rentabilisés, mais bien plutôt gâchés : investissements en formation jetés au panier, qualifications immédiatement obsolètes, années d'apprentissage inutilisées, pertes d'expérience et de savoir dues aux licenciements, préretraites, chômage de longue durée. Coût en termes de dépense publique que l'on n'en finit plus de mesurer : coût de l'indemnisation du chômage, des politiques d'assistance insuffisantes en tout genre, coût de ce système d'attente qu'est la politique de l'emploi. Coût des investissements matériels qui aussitôt mis en place sont abandonnés pour être remplacés par des techniques plus modernes, soit parce qu'elles économisent de la main-d'œuvre, soit par suite de rachat par d'autres entreprises. Coûts des fusions-acquisitions prétendument assainissantes. Coûts énormes, donc, qui consistent soit en investissements (matériels ou humains) non utilisés, soit en réparation des dommages. Ces coûts ne sont jamais rapportés aux prétendus progrès que nous apporte la croissance.

On répondra qu'il s'agit là de la rançon du progrès, du coût normal du déversement – le passage d'un type de production à un autre – et du coût de la satisfaction du consommateur, qu'après tout cela est fait précisément pour répondre à ses attentes. Il faudra d'ailleurs un jour s'interroger sur ce consommateur victime d'un clivage qui se révélera un jour ou l'autre destructeur. Car il est à la fois tyran sur le marché des biens, flexibilisé sur le marché de l'emploi, petit épargnant soucieux de la rentabilité des fonds qu'il a placés sur le marché de l'argent et, enfin, sur le marché du travail, travailleur vivant dans la crainte du chômage ou chômeur licencié par suite des contraintes de rentabilité auxquelles sont confrontées les entreprises. Quoi qu'il en soit, si cet énorme coût (qui est systématiquement considéré comme faisant partie des dépenses collectives décidées par un État irresponsable) est la rançon du progrès, il faut espérer que ce progrès est à la mesure des dégâts occasionnés pour l'atteindre. En revanche, si c'est seulement la satisfaction d'une minorité (20 % de la population, par exemple) qui se paye par un coût social aussi énorme, remet sans cesse en cause les conditions de vie des 80 % restants ou même aggrave celles-ci, il est certainement grand temps de passer à autre chose.

Le progrès ne se réduit pas à l'augmentation du taux de croissance

Il nous faut maintenant revenir à la notion de progrès. En quoi consistent ces innovations qui nous sont toutes présentées comme des progrès ? Tout changement intervenu dans un produit ou un service est-il nécessairement un progrès ? Le fait de disposer de collants si fins qu'on est à peu près certain qu'ils fileront dans la journée est-il un progrès ? Les changements intervenus dans les voitures (vitesse, couleur, etc.) sont-ils vraiment, mis à part l'amélioration des équipements de sécurité, des progrès ? Le fait de pouvoir bientôt disposer de cent chaînes de télévision est-il un progrès ? Est-ce bon pour la connaissance, la communication entre les hommes, la démocratie, l'exercice de la liberté de choix ?

À l'évidence, parmi les innovations qui ont été réalisées durant les vingt dernières années, certaines constituent des améliorations tout à fait réelles de notre vie quotidienne, si l'on songe en particulier à ce qui concerne les méthodes de soins, les médicaments, la sécurité alimentaire, les équipements ménagers... Mais toutes les prétendues « innovations », tous les nouveaux produits, toutes les nouvelles manières de les présenter constituent-ils un progrès, permettent-ils une réelle amélioration de nos conditions de vie, nécessitaient-ils un tel bouleversement ? Est-il vraiment important que tous les deux ans les bouteilles d'eau changent de présentation, que des produits cuisinés surgelés de plus en plus variés soient inventés au terme de coûteuses études de marché, qu'un modèle de voiture ne puisse pas être maintenu plus de cinq ans, que la nourriture pour animaux domestiques ressemble de plus en plus à la nôtre... donc, par conséquent, que tous les processus de fabrication changent, de même que les compétences, les qualifications, les équipes nécessaires ? Ne devons-nous pas, étant donné le coût de toutes ces opérations, effectuer des distinctions entre les innovations socialement utiles et les autres ?

Progrès de quoi ? On reste un peu médusé devant l'incroyable réduction qui s'est opérée au cours des deux derniers siècles : la croissance, c'est le progrès et le progrès, c'est la croissance. La croyance est désormais fermement établie que, lorsqu'elle n'est pas immédiatement elle-même synonyme de progrès, la croissance au moins en est la condition *sine qua non*. Relisons rapidement cette phrase de Mac Culloch, économiste contemporain de David Ricardo : « L'acquisition de la richesse n'est donc pas désirable seulement comme un moyen de se procurer des jouissances positives et immédiates : mais elle est encore d'une nécessité indispensable aux progrès de la société dans la civilisation et du raffinement des mœurs... La barbarie ou la politesse d'un peuple dépendent beaucoup plus de sa richesse que de toute autre circonstance [1]. » La croissance est mère de tous les progrès.

Sans en revenir aux positions de Rousseau, selon qui au contraire il n'est de progrès que moral, et pour qui l'augmentation de la croissance aurait plutôt été synonyme de dépravation, on est tout de même obligé de se poser ces questions. Progrès moral ? Certainement pas. Progrès de la démocratie ? Non plus. Progrès de la culture, des moyens donnés aux individus de maîtriser plus de connaissances, de s'orienter dans le savoir, de développer leur esprit critique, de devenir plus autonomes : cela n'est pas certain. Dans un très beau livre [2], Pierre Kende raconte, à sa manière, les étapes successives de la réduction de l'idée de progrès, du savoir aux pratiques, puis de celles-ci à la seule croissance : « Une dernière étape dans l'évolution de la pensée sociale contemporaine, écrit-il, est la réduction du progrès à la croissance économique, c'est-à-dire à ses aspects quantifiables et cumulatifs dans un ordre privilégié,

1. Mac Culloch, *Principes d'économie politique*, Guillaumin, 1863, p. 8 (traduite à partir de la quatrième édition anglaise, 1843).

2. *L'abondance est-elle possible ?* Gallimard, 1971.

celui de la production. C'est la fixation presque mythique sur les expressions comptables du progrès, avec une préférence nette pour les quantités globales et synthétiques. C'est l'avènement d'une compétition "d'ostentation statistique" porté par une mentalité pour qui le non-chiffrable n'existe pas et qui se représente le taux de croissance comme un rythme de progrès. »

Kende fait remonter cette manière de faire au lancement des premiers plans soviétiques et ajoute, idée fort importante, me semble-t-il, que « mesurer le progrès des sociétés par l'accroissement de leur production nette et l'état de leur développement par le niveau absolu de cette production est une idée relativement nouvelle [1] », en particulier parce que l'économie ne s'était pas dotée des instruments nécessaires pour ce faire avant les années quarante, c'est-à-dire avant la diffusion des idées keynésiennes, la multiplication des travaux sur le concept de croissance et la réalisation des premiers systèmes de comptabilité nationale. Puis, de manière particulièrement intéressante, Kende propose une tentative de décomposition simple de l'idée de progrès. Il en distingue six acceptions : l'amélioration du bien-être physique (réduction des peines physiques attachées au travail et plus généralement à toute activité humaine, multiplication des biens d'usage individuel ou collectif ;

1. *Ibid.*, p. 47.

mise au point de nouvelles inventions élargissant soit la gamme des commodités disponibles, soit le pouvoir humain au sens large ; accroissement du temps de loisir) ; la protection et l'allongement de la vie humaine ; la qualité de la vie humaine ; la rationalisation des efforts ; l'élargissement du savoir humain et l'accumulation des œuvres de culture ; le postulat de justice. On aurait envie d'ajouter : l'accroissement des libertés individuelles et publiques ; une meilleure égalité ; l'augmentation de la participation de tous à la vie démocratique.

Or, ce qui est en effet frappant, c'est que nos sociétés modernes n'ont élu qu'un petit nombre de ces éléments comme composants de l'idée de progrès, laissant les autres totalement de côté. On nous rétorquera qu'on ne les a pas laissés de côté, mais que l'on ne s'est en effet intéressé qu'aux seules grandeurs mesurables, libre ensuite à chaque individu, dans sa vie privée, de considérer plus largement l'idée de progrès et d'y adapter sa vie. Mais l'argument est un peu court : « La vision productiviste opère une réduction : elle privilégie certains des ordres ci-dessus évoqués au détriment des autres. Des nombreux objectifs que le progrès économique et social fait miroiter simultanément, la mentalité productiviste retient par priorité ceux qui ont la grande vertu d'être quantifiables (et qui sont presque toujours des objectifs à forte incidence économique). Aucun esprit productiviste ne songerait évidemment à nier le qualitatif ; l'attention se tourne simplement vers les projets qui ont une incidence positive et mesurable. C'est ainsi que les projets non quantifiables sont peu à peu relégués au second rang des priorités [1]. »

De la complexité de l'idée de progrès, de sa richesse, la comptabilité ne retient qu'une dimension : celle qui est susceptible d'être quantifiée, celle dont on pourra mesurer la progression. Le progrès, c'est la progression d'un taux. Une telle assimilation du progrès au taux de croissance du PIB signifie de surcroît que l'on tient pour prouvé que dans nos sociétés les progrès de toutes sortes suivent automatiquement celui des richesses comptables : si nous avons la croissance, alors le reste suivra. Raisonnement qui est d'ailleurs aussi bien macroéconomique qu'individuel : tentons d'abord de disposer de ressources en quantité suffisante, ensuite, nous affecterons notre revenu aux « postes » que nous souhaitons.

Le bonheur ne se réduit pas au taux de croissance

Cette réduction va de pair avec une autre, et non des moindres : celle du développement humain et du bonheur à la seule consommation. Je voudrais revenir un instant sur ce qui a été dit plus haut de

1. *Ibid.*, p. 56.

l'assimilation du développement de la consommation au développement des facultés humaines par un certain nombre d'économistes. J'ai indiqué qu'il y avait là un certain nombre de schèmes communs avec la philosophie hégélienne, qui est elle aussi, d'une certaine manière, une philosophie de la consommation, de la consomption du monde par l'homme, de la prise de possession de la Nature par l'Esprit. Mais il est essentiel de souligner ici les différences entre ces deux présentations. Car dans un cas, celui de la philosophie de Hegel (qui est pris ici comme représentant d'une partie de la philosophie du XIXe siècle et de sa dimension prométhéenne), l'acte de consommation n'est pas passif : il ne s'agit pas d'acheter un produit nouveau. Il s'agit bien plutôt d'un acte qui transforme profondément la réalité posée en face de l'homme, transformation qui peut s'exercer par la connaissance (la connaissance est un mode de la consommation et de l'appropriation chez Hegel), par la création d'institutions, par la réalisation d'œuvres d'art ou de culture, par la parole, par la rencontre avec l'autre... Cela ne se mesure pas : ce qui est transformé, c'est tout autant l'homme qui a engagé cette action, parce qu'il a en effet développé, à cette occasion, des facultés qui n'étaient pas encore en exercice chez lui, que le monde. Cette transformation, qui a rendu l'homme plus civilisé parce qu'il a façonné le monde à son image, parce qu'il se l'est d'une certaine manière approprié en le transformant, en le connaissant ou en le sculptant, et qui a rendu le monde différent, cette transformation, qui a sans doute accru le degré de civilisation de l'homme et du monde, ne peut être ni mesurée par un prix – ne serait-ce que parce qu'il ne s'est pas agi d'un échange, et en aucun cas d'un échange marchand – ni réduite à un simple schéma de production-consommation. Il n'est pas certain que de l'utilité ou de la valeur ait été créée pour quelqu'un, mais, en tout cas, l'homme a changé, ses facultés se sont affinées, et le monde a été d'une certaine manière lui aussi amené au-delà de l'état dans lequel il se trouvait auparavant.

Seule une infime partie de ce processus de transformation est représentée par l'acte de production et de consommation de biens et de services. À ne considérer, à ne valoriser que la seule consommation, on oublie tous les actes porteurs de sens pour soi, les échanges non marchands, les manières d'améliorer la vie, les hommes, la cité qui ne peuvent en aucune manière être englobés dans cette notion. Toute transformation ne consiste pas en la mise en forme d'une réalité pour l'usage d'autrui (l'utilité), toute amélioration du monde naturel et des hommes ne peut pas être comptabilisée, toute création et tout bonheur ne passe pas par l'acquisition d'un bien ou d'un service, donc par l'affectation d'un revenu à une consommation.

Derrière l'assimilation consommation-bonheur se cache l'idée qu'un besoin ou un désir peut toujours être satisfait par la consommation de quelque chose, que ce qui est nécessaire et suffisant pour augmenter la quantité de bonheur individuel est l'obtention d'un revenu, l'accumulation d'argent, équivalent général qui peut se transformer en toute chose. On parle aujourd'hui de besoin de loisir, besoin de temps libre, besoin de culture. Mais il y a là un abus manifeste de langage. Penser tous les désirs de l'homme comme autant d'intentionnalités dirigées vers un bien ou un service, matériel ou immatériel, marchand ou non marchand, qui pourrait les satisfaire constitue une impasse. Quel sera le produit qui satisfera notre besoin de participation démocratique, notre désir de sens, notre soif de relations amicales ou affectives, notre désir des autres, notre soif de comprendre ? L'ensemble des besoins, désirs, pulsions des hommes ne peut trouver une réponse en termes exclusifs de produit ou d'avoir. Ces réponses sont également de l'ordre des relations, de la parole, de l'interaction – de l'échange autre que marchand. Ce qui nous est nécessaire pour vivre, ce ne sont pas seulement des revenus permettant d'acquérir des biens et services, mais aussi des situations, des états, des types d'échanges sociaux qui ne sont en rien réductibles aux ressources monétaires affectables à la consommation.

L'habitude, pas si ancienne que cela, donc, a été prise de confondre désormais les deux réalités : bonheur individuel et niveau de ressources, bien-être collectif et taux de croissance du PIB. Kende rappelle que l'assimilation PIB-bien-être national a été conçue avec la réalisation des plans soviétiques, incarnation du productivisme le plus pur (même si la production n'était destinée que pour une petite partie à l'accroissement de la consommation). On peut concevoir, comme nous le disions plus haut, que dans des périodes de « décollage », ou encore dans des moments de grande pénurie (reconstruction) ou de compétition ostentatoire dans un climat de guerre (guerre froide), on ait pu opérer ces réductions drastiques : le bien-être collectif vient uniquement du taux de croissance du PIB, et de rien d'autre. Mais on ne peut plus s'en satisfaire aujourd'hui, car ces taux appréhendent de façon manifestement grossière l'évolution de notre société. À rester dans cette seule dimension de la croissance, de la consommation et du revenu, on oublie ce pour quoi nous avons un jour voulu la croissance.

Il est bon de rappeler que la gauche française et européenne souhaitait certes augmenter la capacité de consommation des ouvriers, et s'est toujours battue pour cela, mais que ses objectifs étaient tout de même plus nombreux : il s'agissait de libérer les hommes de la nécessité, de leur permettre de développer plus largement leurs capacités et de réduire leur temps de travail afin qu'ils en retrouvent la maîtrise et une plus grande liberté. Tout cela semble s'être transformé simplement en apologie de la croissance. Droite et gauche confondues communient dans ce refrain : lorsque nous aurons de la croissance, tout ira mieux. Galbraith s'attarde également sur ce consensus : il ose écrire, en 1961, que l'ensemble des acteurs des sociétés développées souhaitent voir cette consommation augmenter, y compris les syndicats (« les objectifs de la technostructure en sont venus à s'accorder avec ceux des syndicats [1] »).

Derechef, tout ce qui ne contribue pas à cette augmentation est effacé, toutes les actions sont mesurées à cette aune : c'est pour retrouver la croissance qu'il faut augmenter les rythmes de travail, rogner l'État-providence, revoir l'ensemble des dispositions protectrices du travail et des individus qui avaient été inventées au XIXe siècle. Le paradoxe n'est-il pas flagrant ?

La consommation, stade suprême de l'expression de soi ?

Un autre argument, plus pernicieux et très moderne, se diffuse aujourd'hui à vive allure, qui rendrait caduque, s'il était vrai, toute interrogation sur les bienfaits de la croissance. Un certain nombre de voix s'élèvent en effet pour dire que la consommation n'a pas seulement pour fonction de satisfaire les besoins, mais qu'elle est un véritable fait humain

1. *La Science économique et l'intérêt général, op. cit.*, p. 202.

riche et complexe, porteur de sens, et donc en aucune manière critiquable. La consommation constitue l'une des modalités les plus importantes de l'expression de soi. Tout acte de consommation est donc bon, hautement significatif, hautement social ; c'est désormais à travers elle que l'homme façonne le monde, marque celui-ci de son empreinte et se civilise. La consommation *est* la civilisation.

La consommation serait ainsi devenue (à moins qu'elle ne l'ait toujours été) le moyen essentiel de conquête de la liberté et de l'identité, le médium par lequel se développent la compétition sociale et la distinction. Ce qui a conduit en effet la consommation à devenir le lieu par excellence du symbolique, c'est-à-dire un champ de signification, de codage et de décodage, un lieu investi désormais de toutes les fonctions. C'est à travers ma consommation que je marque mon appartenance sociale, indiquant aux autres qui je suis et ce que je vaux. C'est du moins ce que nous disent un certain nombre d'analyses modernes qui scrutent nos modes de consommation, et c'est ainsi que l'on peut comprendre le pouvoir des marques, devenues des marqueurs : en possédant tel type de baskets, on entre dans un certain groupe, une certaine catégorie, on communique quelque chose de précis aux autres. Robert Rochefort, le directeur du Credoc [1], institut

1. Auteur de *La Société des consommateurs*, Odile Jacob, 1995, et du *Consommateur entrepreneur*, Odile Jacob, 1997.

d'analyse de la consommation, voit là une forme moderne de progrès : la consommation ne remplit plus seulement une fonction de satisfaction des besoins, elle revêt aussi une fonction symbolique, support d'une communication sociale. Si tel est le cas, alors les prétentions des producteurs sont légitimes, elles sont congruentes avec le mouvement même de civilisation.

Car, dès lors, on conçoit en effet que, se détachant de plus en plus de ses fonctions originelles, la consommation en vienne à occuper peu à peu tout le champ social sans plus jamais être régulée par des principes qui permettraient de faire en sorte qu'elle redevienne conforme à sa mission originelle : satisfaire les besoins essentiels des individus. Il y a là le support d'un mauvais infini, les produits faisant désormais l'objet non plus de besoins nécessairement circonscrits et satiables, mais de désirs toujours changeants, sans cesse soumis aux changements de mode... On conçoit alors que les marges de manœuvre laissées aux producteurs soient beaucoup plus grandes : lorsqu'on est dans les besoins primaires, il est assez difficile de varier à l'infini ; en revanche, si l'on se trouve dans le champ du symbolique, tous les messages sont permis : cette année, il faudra porter des robes courtes, mais aussi avoir de petites voitures, des yaourts avec des morceaux de fruits, des papiers hygiéniques à fleur et des bouteilles d'eau pétillante rose fuchsia. C'est donc exclusivement le travail et la consommation qui devraient être désormais les moyens de réaliser notre vocation humaine : nous n'espérons plus un état où nous serions libérés de la nécessité et où nous pourrions être le matin pêcheur et l'après-midi critique ; nous devons bien plutôt faire en sorte que ce qui est désormais notre destin, le travail et la consommation, devienne porteur de sens. C'est du processus lui-même que nous devons jouir, un processus sans fin.

Mais pourquoi pas ? dira-t-on. Au nom de quoi devrions-nous refuser un type de société qui s'exprime par sa production et sa consommation, qui vise à transformer toujours plus la réalité en biens et services utiles aux hommes, qui cherche à rendre optimal le fonctionnement de la machine qui transforme ces utilités en ressources affectables par les individus aux usages qu'ils souhaitent ?

Les coûts cachés de la croissance (3) : la valeur du temps humain

Je crois que l'argument fondamental est celui du coût, et particulièrement du coût humain de cette vaste entreprise. La ressource essentielle que nous utilisons, que nous consommons, pour obtenir ce surcroît de produits utiles et de revenus affectables, c'est le temps humain. C'est, me semble-t-il, ce qu'oublient nos comptabilités et nos raisonnements économiques : le temps n'est un coût, selon eux, que pour l'entreprise qui achète la force de travail d'un individu. Mais le prix payé par l'entreprise et la valeur du temps du travailleur ne sont pas les mêmes. Que sait-on du prix, de la valeur du temps humain, temps si court, temps si peu maîtrisé ? Cette valeur a toujours été déterminée par les autres. L'acte de produire, de contribuer à la production, de travailler, donc, n'est pas un acte anodin : il est un acte consommateur de la ressource la plus rare qui soit, un acte au cours duquel ce temps irrémédiablement donné, consommé, disparaît.

Nos comptes nationaux mettent en évidence notre double incapacité : incapacité à considérer le travail consommé dans l'acte de production aussi comme un coût (et pas seulement comme une contribution à l'augmentation de valeur) ; incapacité à valoriser d'autres usages du temps, et, d'une manière générale, à donner une valeur au temps humain lorsqu'il n'est pas utilisé à la production ou à la mise en forme du capital qui contribuera à la production. Le PIB ne reconnaît aucune valeur aux autres temps que les temps « productifs » parce que nous ne parvenons même pas à imaginer, tant nous avons été obnubilés par la production, qu'il peut exister d'autres usages du temps, aussi enrichissants pour les individus et pour la société. Nous avons oublié que plus nous idolâtrons la consommation, plus nous lui donnons d'importance et de place, plus le domaine consacré à la production s'étend et plus le temps consacré à la réalisation de cette production, à la création d'utilités, à la transformation unidimensionnelle du monde s'accroît également. Et plus les usages alternatifs du temps, les autres formes d'enrichissement s'éloignent. D'où cet incroyable retournement : alors que la production devait nous servir à aménager le monde pour nous permettre d'y vivre mieux, alors que nous devions augmenter l'espace et le temps destinés à d'autres usages du temps que la production et la consommation, alors que nous devions moins travailler pour pouvoir vivre enfin, voilà que nous avons décidé qu'il valait bien mieux adorer nos chaînes : pourquoi réduirions-nous le travail, la production et la consommation, pourquoi aménagerions-nous des temps et des espaces destinés à autre chose, puisque le travail et la consommation sont les actes les plus humains et les plus porteurs de sens qui soient ?

Ce retournement-là est fondé sur un oubli métaphysique (pour l'opposer à un oubli chronologique qui pourrait faire croire à un âge d'or révolu) : la rareté du temps, la possibilité d'usages pluriels du temps. Il ne s'agit pas de faire de la morale et d'en appeler à des usages plus moraux ou plus élevés du temps : lisez donc Platon au lieu d'acheter des colifichets ! Il s'agit bien plutôt d'en appeler à la lucidité : savons-nous ce que nous poursuivons, connaissons-nous la balance coût/avantage de cette poursuite effrénée et aveugle, ne devons-nous pas séparer le bon grain de l'ivraie, savoir ce dont en effet notre société a besoin au sens large du terme, ce qu'elle souhaite poursuivre, les aménagements dont elle souhaite se doter et le coût en termes de travail et de temps qu'elle est prête à y consentir ?

On voit bien qu'une société évoluée devrait pourtant s'engager dans cette direction : savoir balancer les avantages attendus en termes de « progrès » et les coûts de cette entreprise. Cela nous permettrait d'éviter les faux arguments. Car, comme le disait Galbraith, la consommation n'est pas un pur plaisir sans nuages. Un livre de Juliet Schor [1] explique combien les Américains sont de plus en plus frustrés dans leur rapport à la consommation : ils ne cessent de désirer davantage, on ne cesse de leur présenter des produits qu'il faut absolument posséder, mais il y a là un cercle infernal, une souffrance du désir toujours renouvelé d'avoir à acquérir des produits toujours nouveaux. Le *Rapport mondial sur le développement humain* 1998 fait également référence à des études américaines qui montreraient qu'aux États-Unis le revenu jugé nécessaire pour satisfaire le désir de consommation a doublé entre 1986 et 1994.

Schor s'appuie sur les théories bourdieusiennes pour expliciter la logique, purement sociale – de différenciation et de distinction –, qui sous-tend la

1. J. B. Schor, *The Overspent American : The Cost of Lifestyle and The Value of Life*, Basic Books, New York, 1997.

consommation aux États-Unis. Non seulement c'est le passe-temps « favori » des Américains, mais c'est un passe-temps vicieux, qui frustre une majorité de la population. Le *Rapport mondial sur le développement humain* 1998 indique également que les pressions croissantes en faveur de la consommation ostentatoire peuvent avoir des effets destructeurs, aggravant l'exclusion, la pauvreté et les inégalités. Schor explique que 40 % des Américains sont frustrés : est-ce parce que leur niveau de vie a baissé ou parce que les cycles de produits et de modes sont de plus en plus courts ?

Le fétichisme de la marchandise

Le pire n'est pas là : il est dans le fait que cette course effrénée – Juliet Schor parlait dans un livre précédent de la « cage de l'écureuil » (qui ne cesse de faire tourner la roue dans laquelle il se trouve enfermé) – n'est pas le résultat d'un choix délibéré de l'ensemble de la société. Nous ne décidons pas que nous avons envie de tel ou tel produit toujours plus sophistiqué, c'est l'ensemble des producteurs qui décident pour nous des produits qu'il faudra lancer sur le marché pour faire du profit les années suivantes et soutenir le désir. Tout se passe comme si la logique mise en évidence par Marx, celle où c'est le cycle de l'argent, du capital qui détermine entièrement celui de la marchandise, n'avait jamais été plus développée qu'aujourd'hui, et ce d'autant que les entreprises sont soumises, à l'intérieur d'elles-mêmes, plus que jamais, par l'intermédiaire de la pression des actionnaires, à la logique de rentabilité financière. Il ne s'agit donc en aucune manière d'une décision collective et démocratique. Dès lors, pourquoi le résultat serait-il une production répondant aux besoins de la population et permettant de surcroît d'économiser du temps ? Bien au contraire, les progrès de productivité sont réinvestis dans l'augmentation de la production, jamais dans la distribution de temps libre – qu'une partie des salariés ne réclame d'ailleurs pas, étant donné son faible niveau de revenus.

La quête infinie de flexibilité est-elle raisonnable ?

Ce processus n'est pas maîtrisé mais imposé à partir des décisions de multiples unités privées qui décident – en s'entendant plus ou moins – de ce que seront les « besoins » des années à venir et de ce que seront les heures de travail nécessaires, et également des conditions dans lesquelles sera réalisée cette production. Cela est-il raisonnable ? Nous avons adopté ce système, que l'on appelle un peu hypocritement « économie de marché », en pensant que le marché était le plus à même de déceler les véritables besoins des individus et de les satisfaire. La plus grande partie du monde semble en avoir été convaincue depuis que la preuve nous aurait été administrée, paraît-il, qu'il n'y a pas d'autre solution raisonnable. L'État aurait montré son incapacité à représenter les vrais besoins sociaux et à y répondre. Ce dont on ne peut douter s'agissant du cas de l'Union soviétique, mais était-ce là la seule voie ? L'Union soviétique peut-elle à elle seule avoir épuisé les possibilités d'un certain contrôle social sur la production ? Le marché n'a-t-il pas largement fait les preuves de son incapacité ? Peut-on laisser des groupes d'individus disposant des ressources nécessaires décider de ce que sera la production d'un pays, avoir la haute main sur toute la vie de celle-ci ? Peut-on les laisser décider du type de la production, mais aussi de proche en proche des heures de travail, des conditions de travail, de la formation... ? Peut-on laisser se développer un système où totalitarisme du consommateur (ce que l'on appelle sa liberté) et obsession de la rentabilité des entreprises se conjuguent pour faire en sorte que le désir d'un seul soit satisfait, même si c'est le désir secret de chacun (pouvoir avoir accès à toute heure du jour et de la nuit à des services, avoir à sa disposition une gamme infinie de produits, avoir l'illusion d'un champ infini de possibles) pour aboutir à une remise en question incessante des structures du système socioproductif, du système de réponse aux « besoins » au coût social exorbitant ? La petite augmentation de plaisir égoïste de chaque consommateur mérite-t-elle vraiment cette refonte incessante et la flexibilisation infinie de l'ensemble du système de production ?

On voit ici comment les options individualistes de notre économie et de notre fonctionnement social se retournent contre nous : on considère que la richesse globale s'accroît lorsque le désir de chaque consommateur d'avoir le choix entre trente-sept couleurs de voiture combinées avec soixante formes et options différentes (ce que l'on a appelé le désir de différenciation et d'adaptation au goût du client, succédant à la production de masse) est satisfait par un producteur qui y a bien aidé ; alors que nulle part le coût total de cette opération, en termes de mise au rebut du capital humain et matériel, mais aussi de conditions de travail, de statut du travail, et surtout de temps consacré au travail, n'est compté. Les individus fétichisent et naturalisent cette flexibilisation en y voyant une loi inéluctable imposée par la mondialisation au lieu de n'y voir que le résultat de l'action concertée de leurs multiples petits désirs individuels et de leur utilisation par les producteurs ; tant que chaque individu ne fera pas le rapport entre lui en tant que consommateur à qui est offert un produit unique exprimant son individualité profonde et lui comme travailleur surstressé, comme travailleur précarisé ou comme chômeur potentiel, nous n'en sortirons pas, à moins de revenir sur le fondement individualiste de notre économie, et sur l'idée, d'une part, que tout changement dans un produit ou un service constitue une innovation source de progrès et, d'autre part, que l'on doit pousser à l'infini la différenciation des biens et services pour les adapter aux goûts des consommateurs. Ce dont il faut sortir, c'est de la tyrannie du consommateur individuel, de l'atome consommateur, pour lui substituer une décision collective.

Qui doit décider de la production socialement nécessaire ?

Peut-on distinguer dans la consommation des priorités ? Ne faut-il pas exercer un certain contrôle social sur la production, c'est-à-dire décider de ce qu'elle doit être ? Si vraiment la consommation et la production sont aujourd'hui dominées par le symbolique, on doit se demander s'il faut laisser des groupes privés en disposer, ou si nous ne devons pas au contraire reprendre l'initiative et le contrôle, dire ce que nous voulons produire et ce qui est digne de nos efforts.

Car le marché n'est-il pas tout aussi fort en termes de gaspillage et de gâchis que l'État ? Et d'ailleurs, s'agit-il vraiment de l'État ? Il n'est évidemment pas question que l'État décide souverainement de la production nécessaire ; en revanche, la collectivité a son mot à dire. Que les besoins, la production désirée, la quantité de travail qu'elle entraîne soient déterminés collectivement, quelque compliquées que risquent d'être les modalités de détermination, voilà le véritable enjeu. Le plus grand défi consiste aujourd'hui à trouver, dans un cadre européen, les moyens de réaliser une production socialement utile, c'est-à-dire dirigée vers les produits nécessaires (et par nécessaires, j'entends aussi évidemment l'augmentation du confort, les médicaments, les techniques médicales, la sécurité alimentaire...), c'est-à-dire en effet porteuse de progrès et dirigée aussi vers les individus qui en ont le plus besoin. On pourrait imaginer une détermination collective de la production nécessaire, un contrôle social sur la production, qui s'appuierait à la fois sur des enquêtes approfondies sur les modes de vie et les besoins sociaux et sur des incitations de l'État, par exemple sous forme d'aides ciblées sur les entreprises qui produiraient les biens et services définis par la collectivité comme prioritaires. Cela ne serait en aucune manière équivalent à un contrôle de l'État sur la production ou à une production de pénurie orientée vers les seuls besoins nécessaires. Il s'agirait bien plutôt de repenser l'ensemble des processus de décision sur la production, actuellement détachés de toute prise en considération des véritables besoins, ainsi que l'ensemble du processus d'aide aux entreprises [1].

---

1. On lira à ce propos une très intéressante analyse de J. Gadrey consacrée au débat sur l'indice des prix à la consommation (Congrès de l'AFSE, Paris, 18-19 septembre 1997) dans laquelle il revient sur l'écart entre la mesure technico-

Civiliser la production, civiliser les entreprises

On pourra trouver troublant qu'en pleine expansion du libéralisme de tels propos puissent être tenus : n'a-t-il pas été démontré que le libéralisme était après tout la moins mauvaise des solutions ? Que l'État était incapable d'être efficace ? Que la croissance, malgré tout, était fondamentalement bonne ? Nous savons que non. Nous savons également qu'il n'est plus possible de laisser diverger à ce point utilité économique et utilité sociale de la production. Qu'il n'est pas certain que toute croissance soit bonne pour les sociétés. Qu'un minimum de contrôle social, c'est-à-dire de toute la société sur la production, sur l'usage du temps, sur les entreprises, est nécessaire.

Le point fondamental sur lequel il me semble essentiel d'insister est celui-ci : le XIXe siècle a été celui de la lente civilisation de l'entreprise, le siècle où le champ d'abord considéré comme privé et laissé à la libre initiative de l'employeur a été peu à peu

---

économique d'un panier de biens de consommation et l'évaluation socio-économique des dimensions du bien-être ou de la qualité de vie. Il propose de substituer au paradigme actuel, fondé sur une conception fordiste de la croissance, un paradigme de l'évaluation du développement social et de la qualité de vie, où les indicateurs seraient élargis en direction des conditions d'usage de la production et conçus comme supports de débats publics contradictoires sur les préférences et les satisfactions.

réduit, circonscrit et civilisé. Il a été graduellement admis qu'il était impossible qu'une personne privée décide entièrement de l'usage de la force de travail d'une autre, c'est-à-dire décide souverainement de ses conditions de travail, de son temps de travail et du salaire correspondant à celui-ci. Ces propos ont d'abord paru totalement incongrus : il y allait d'une certaine façon de la propriété privée (cf. les débats à l'Assemblée et les propos d'un Thiers, par exemple, dans les années 1870, ou encore les débats sur la protection sociale au début du XXe siècle). L'État allait pénétrer au sein même d'un espace privé, édicter et faire respecter des règles ! C'est ainsi que la fin du XIXe siècle puis le XXe siècle ont vu édicter des règles limitant la durée du travail, réglementant la sécurité et les conditions de travail ainsi que les salaires et la protection sociale. Or il semble que, depuis quelques années, nous repartions dans l'autre sens : toute réglementation serait mauvaise pour l'emploi, et aussi pour la production. La meilleure production, donc la meilleure consommation, le bonheur et le progrès seraient à attendre d'une gestion beaucoup plus libre de l'entreprise. Par conséquent, il faudrait laisser celle-ci entièrement libre de ses mouvements, ne pas la handicaper par des règlements étouffants, et alors la production pourrait en être accrue...

Il faut pourtant répéter aujourd'hui qu'il est impossible de laisser les entreprises disposer librement de la main-d'œuvre comme s'il s'agissait d'une ressource quelconque appartenant à un marché comme les autres, pas plus d'ailleurs que de la production. Il n'y a aucune raison qui puisse fonder la libre disposition et la libre gestion par des personnes privées, par des unités particulières, du travail humain ou de la production. Il ne revient pas à des unités particulières de décider seules et en vertu de critères purement financiers de ce que sera le type de production d'une société donnée, c'est-à-dire de la manière dont seront satisfaits les besoins des individus. De la même façon qu'il ne peut leur revenir d'édicter seules des règles de gestion du temps humain, c'est-à-dire de le coter, de lui donner une valeur, de le traiter comme un produit. Bien au contraire, il est essentiel de reconsidérer l'utilité sociale de la production, de définir, par le biais du plan ou d'organismes plus décentralisés et faisant plus de place aux usagers, les grands types de besoins à satisfaire et d'indiquer ces objectifs aux entreprises de sorte qu'elles puissent (ou non) s'y conformer.

Ce n'est plus à l'échelle des sociétés-nations que cette transformation s'opérera ; ce pourrait être à l'échelle européenne, mais, quoi qu'il en soit, il est indispensable désormais, pour éviter les gâchis humains et la régression sociale, que les entreprises ne décident pas seules de ce dont les citoyens de nos pays ont besoin. Cela ne signifie ni un pouvoir direct de l'État d'édicter ce qui devra être produit, ni une production par l'État de ce qui devrait être produit, mais bien plutôt un système où les besoins seront recensés de façon démocratique, où la production nécessaire sera déterminée par l'ensemble de la société, et où l'État ne sera là que pour inciter à la réalisation de ces objectifs. On pourrait imaginer par exemple qu'il distribue des labels ou des aides financières accordées sur ce critère. Ou encore, pourquoi ne pas raisonner en termes de produits génériques ? On sait que l'industrie pharmaceutique peut produire, pour assurer un même traitement, soit des génériques soit des produits dont l'efficacité est la même, mais dont le prix est beaucoup plus élevé. L'État pourrait subventionner la production de « génériques », c'est-à-dire de produits durables, de bonne fabrique et rendus peu chers par leur stabilité. Ce sont de telles idées qu'un Perroux ou un Kende osaient encore défendre, le premier en indiquant qu'il fallait borner la production aux tâches élémentaires de l'économie des hommes (« nourrir l'homme, soigner l'homme, libérer les esclaves[1] »), le second en prônant une limitation de la production sociale à la satisfaction des besoins reconnus par la société tout entière comme prioritaires. Aux objections possibles en termes de risque de ralentissement du progrès technique, Kende répondait en distinguant les objectifs assignés à celui-ci (rationaliser

1. F. Perroux, *La Coexistence pacifique*, PUG, p. 541-601.

l'effort productif ; réaliser des aspirations de type prométhéen ; multiplier les objets destinés à satisfaire les besoins de consommation et de confort) et en indiquant qu'une société non productiviste devrait accorder un souci prioritaire au premier de ces objectifs. C'est dans cette même veine que s'inscrivent les auteurs du *Rapport mondial sur le développement humain* 1998 lorsqu'ils invitent à modifier les modes de consommation d'aujourd'hui pour le développement humain de demain. Il faut d'abord faire de la satisfaction universelle des besoins minimaux un objectif explicite dans tous les pays (y compris dans les pays industrialisés, dont on a vu qu'ils laissaient se développer en leur sein des inégalités et une pauvreté croissantes) : « La consommation doit être partagée, dynamisante, socialement responsable et viable à long terme [...], les paradigmes du développement humain, qui visent à élargir la totalité des choix accessibles, doivent donc chercher également à élargir et à améliorer les possibilités de choix pour les consommateurs, mais dans un sens favorable à la vie humaine [1]. » Oui à la consommation et à sa progression, oui à la production, mais contrôlées, orientées vers un certain nombre d'objectifs décidés collectivement.

1. *Rapport mondial sur le développement humain*, vue d'ensemble, *op. cit.*

À quoi servent les entreprises ?

Renoncer à civiliser l'entreprise, à mesurer sa contribution à l'accroissement d'utilité sociale qu'elle procure, à replacer son action dans le cadre général de la société reviendrait à accepter de considérer la société comme un pur appendice du marché – comme le pressentait déjà Karl Polanyi au milieu du siècle [1] –, c'est-à-dire comme un stock de ressources que les entreprises doivent gérer et mettre en valeur. Mais c'est évidemment aux entreprises d'être subordonnées à la société, et non le contraire. Dès lors, il est indispensable de déterminer dans quelle mesure elles contribuent à augmenter l'utilité sociale (et non pas seulement l'utilité économique, qui n'en est qu'une partie) et, pour ce faire, de disposer d'une évaluation, même grossière, de ce qu'est le bien social, propriété d'un ensemble donné d'êtres humains rassemblés en communauté. C'est pour cette raison que nous avons besoin d'un indicateur de richesse beaucoup plus large et beaucoup plus différencié que le seul PIB dont nous disposons aujourd'hui, qui continue de nous faire croire que les entreprises contribuent toujours à l'augmentation de notre bien-être alors qu'elles peuvent ne satisfaire que les caprices de quelques-uns.

1. Voir K. Polanyi, *La Grande Transformation*, Gallimard, 1983.

Un certain nombre de transformations sont évidemment nécessaires pour qu'une telle situation advienne : d'abord, prendre conscience que le temps humain a une valeur et qu'il existe bien d'autres usages du temps que la production et l'accumulation de ressources destinées à la consommation ; ensuite, accepter définitivement le fait social, en finir avec les représentations individualistes issues des siècles passés et qui nous entravent dans la possibilité de penser sereinement l'être-ensemble et le bien qui peut être celui d'une communauté de personnes ; imaginer les indicateurs susceptibles de décrire ce que peut être le bonheur, le progrès d'un tel ensemble, et non de telle ou telle partie de celui-ci ; repenser les entreprises non pas comme l'économie nous a appris à le faire, en termes de fonction (les entreprises seraient les unités qui créent de la richesse), mais comme des parties de la société comme les autres, contribuant au même titre que les autres à l'amélioration de la vie sociale, apportant ou non leur contribution à la richesse de la société, et de toute façon subordonnées aux décisions collectives prises par celle-ci ; et, enfin, parvenir à trouver les voies d'une démocratie ni formelle-représentative ni accaparée par des apparatchiks, une vraie démocratie permettant aux citoyens de s'exprimer sur les diverses conditions du bien-vivre ensemble.

On le voit, cela suppose une autre conception de la richesse, une autre conception du développement humain. Donc, une remise en question de la manière traditionnelle (même si elle est récente) de penser le progrès, la décadence et la croissance, comme y invitait par exemple Stuart Mill : « Que l'énergie de l'humanité soit appliquée à la conquête des richesses, comme elle était appliquée autrefois aux conquêtes de la guerre, en attendant que des esprits plus élevés donnent aux autres une éducation plus élevée, cela vaut mieux que si l'activité humaine se rouillait en quelque sorte et restait stagnante. Tant que les esprits sont grossiers, il leur faut des stimulants grossiers : qu'ils les aient donc. Cependant, ceux qui ne considèrent pas cette jeunesse du progrès humain comme un type définitif seront excusables peut-être de rester indifférents à une espèce de progrès économique dont se félicitent les politiques vulgaires : *au progrès de la production et de la somme des capitaux* [...]. Je ne vois pas pourquoi il y aurait lieu de se féliciter de ce que des individus déjà plus riches qu'il n'est besoin doublent la faculté de consommer des choses qui ne leur procurent que peu ou point de plaisir, autrement que comme signe de richesse [...]. C'est seulement dans les pays arriérés que l'accroissement de la production a encore quelque importance : dans ceux qui sont plus avancés, on a bien plus besoin d'une *distribution meilleure* [...].

« Sous cette double influence, la société se distinguerait par les traits suivants : un corps nombreux et bien payé de travailleurs ; peu de fortunes énormes, à part celles qui auraient été gagnées et accumulées durant la vie d'un homme, mais un bien plus grand nombre de personnes qu'on n'en compte, non seulement exemptes des travaux les plus rudes, mais jouissant d'assez de loisirs du corps et de l'âme pour cultiver librement les arts qui embellissent la vie et donner des exemples aux personnes moins bien placées pour cela... *Il n'est pas nécessaire de faire observer que l'état stationnaire de la population et de la richesse n'implique pas l'immobilité du progrès humain.* Il resterait autant d'espace que jamais pour toute sorte de culture morale et de progrès moraux et sociaux ; autant de place pour améliorer l'art de vivre et plus de probabilité de le voir améliorer lorsque les âmes cesseraient d'être remplies du soin d'acquérir des richesses. Les arts industriels eux-mêmes pourraient être cultivés aussi sérieusement et avec autant de succès, avec cette seule différence qu'au lieu de n'avoir d'autre but que l'acquisition de la richesse, les perfectionnements atteindraient leur but, qui est la *diminution du travail*[1]. »

Peut-être revient-il à une génération particulière, celle des 25-40 ans – qui n'a pas connu les privations de la guerre et de l'après-guerre, ni les Trente Glorieuses, ni les enthousiasmes anticonsuméristes des années soixante-dix, ni le désenchantement des années quatre-vingt, mais qui a connu les difficultés des jeunes à entrer dans le monde du travail, les

1. J. S. Mill, *Principes d'économie politique*, tome II, livre IV, chapitre VI. C'est nous qui soulignons.

inégalités extrêmes et la violence, qui n'a de conception religieuse ni de la croissance ni du productivisme, mais qui aspire à un progrès plus qualitatif des individus et des sociétés – de porter le flambeau du changement, un changement qui pourra avoir des allures de provocation pour ceux qui ont connu les délices de la croissance quantitative, mais qui revêt un statut d'utopie raisonnable pour nous.

6. L'ÉCONOMIE EST-ELLE LA SCIENCE CAPABLE DE NOUS DIRE CE QU'EST UNE SOCIÉTÉ RICHE ?

La science économique, dans sa version classique mais également dans sa version keynésienne ainsi que la comptabilité ont constitué des instruments extrêmement puissants au service du capitalisme. La seconde, sous la forme de la comptabilité d'entreprise, a été au cœur du capitalisme : comme l'écrit Max Weber, « une exploitation capitaliste rationnelle est une exploitation dotée d'un compte de capital, c'est-à-dire une entreprise lucrative qui contrôle sa rentabilité de manière chiffrée au moyen de la comptabilité moderne et de l'établissement d'un bilan [1] ». Cette invention, même si elle remonte au XVIIe siècle, ne sera utilisée de manière massive qu'au

1. M. Weber, *Histoire économique : esquisse d'une histoire universelle de l'économie et de la société*, Gallimard, 1992, p. 295.

XIXe siècle, en même temps que s'affirme cette situation exceptionnelle sur laquelle s'attarde Weber, qui est la couverture des besoins quotidiens par le moyen du capitalisme, propre à l'Occident et qui ne date que de la moitié du XIXe siècle. La comptabilité d'entreprise constitue l'un des traits majeurs du capitalisme qui se développe alors : « La condition la plus universelle attachée à l'existence de ce capitalisme moderne est, pour toutes les grandes entreprises lucratives qui se consacrent à la couverture des besoins quotidiens, l'usage d'un compte de capital rationnel comme norme [1]. »

Retour sur l'économie

La comptabilité d'entreprise est au fondement de la comptabilité nationale : celle-ci incorpore les valeurs ajoutées produites par chaque entreprise pour en tirer, évidemment après de nombreux ajustements, une valeur ajoutée globale. Cette comptabilité n'est pas très différente, dans son architecture et son principe, d'une comptabilité d'entreprise. Dès 1968, Bertrand de Jouvenel écrivait : « Fondamentalement, notre comptabilité nationale est une comptabilité d'entreprise élargie : la production nationale qu'elle enregistre est le total des ventes des entreprises moins les achats qu'elles se font mutuellement, sauf à titre

1. *Ibid.*, p. 297.

d'investissement [1]. » Dans le cas de l'entreprise comme de la nation, la comptabilité détermine un capital qu'elle va mettre en valeur et faire se multiplier, elle découpe dans l'ensemble de la vie sociale un champ particulier, qu'elle institue comme capital, source de production de biens et de services qu'elle va présenter sur le marché et qui permettront un flux de revenus, la production d'une valeur ajoutée, la somme constituant le PIB. Ce que nous mesurons grâce au PIB, ce que nous appelons la richesse de notre société dépend donc, d'une part, de l'appropriation privée, par des individus, de ces biens et services – avec l'effet volume/prix –, et, d'autre part, de ce qui aura été au départ considéré par les entreprises comme capital précisément susceptible d'être mis sous forme de biens et services, de subir des transformations qui seront à l'origine d'une vente.

Dès le départ, l'économie, qui se consacre aux seuls processus affectant les ressources rares et la comptabilité, qui détermine le capital à mettre en valeur, constituent le champ à partir duquel sera ensuite exclusivement construit l'indicateur général de richesse. Concrètement, seule une petite partie de la vie sociale est donc concernée par ce processus : la richesse est l'ensemble des ressources qui pourront

---

1. B. de Jouvenel, « Stratégie prospective de l'économie sociale », dans *Arcadie, essais sur le mieux-vivre*, Futuribles, Sedeis, Paris, 1968.

faire l'objet d'une transformation pour être présentées sur le marché. L'indicateur de production et de richesse renvoie à une réalité singulièrement réduite. À partir d'un périmètre de départ restreint, elle ne considère que les opérations d'appropriation par les individus des biens produits. En outre, c'est une conception qui ne prend en considération que des flux.

D'où plusieurs problèmes : la richesse de la société est toujours considérée exclusivement par rapport à la production de biens et de services. Comme on l'a vu dans la première partie de cet ouvrage, aucune considération patrimoniale n'entre en jeu : les périmètres considérés ne sont que ceux qui ont été à l'origine déterminés par les entreprises : le fond (naturel ou humain) qu'elles utilisent, ce qu'elles abîment ou ce qu'elles externalisent n'est pris en compte ni positivement ni négativement et se retrouvera à titre de réparation dans les dépenses publiques. Par conséquent, non seulement l'indicateur de richesse donne une image faussée de la production (sans doute beaucoup trop positive, mais cela sera artificiellement corrigé par l'incorporation dans le PIB des dépenses publiques de réparation et correction des externalités) mais, de surcroît, il ne dit rien sur l'ensemble de la vie sociale qui a été exclu du capital de départ.

De plus, tout cela nourrit une vaste tautologie : si la richesse est la somme des valeurs ajoutées, donc la somme des valorisations effectuées par les entreprises à partir d'un capital de départ grâce à l'appropriation des biens et services par des individus sur un marché, alors, à l'évidence, seuls les échanges marchands seront créateurs de richesse : seul l'échange mutuellement avantageux, donnant l'occasion d'un échange monétaire, pourra venir accroître la richesse. De là vient également cette idée que seules les entreprises créent de la richesse et qu'elles seules supportent donc en fin de compte les prélèvements qui permettent de financer les « danseuses » : les politiques sociales, les politiques culturelles, les politiques d'habitat, les politiques de santé... Tautologie également parce que si seuls comptent les biens appropriés sur le marché, il sera difficile de prouver que le marché n'est pas le meilleur instrument pour le faire.

Examinons un instant ce que la comptabilité d'entreprise ne prend pas en compte : elle ne prend en compte ni les investissements qui ont été consentis par l'État pour fournir de la main-d'œuvre de qualité (politiques de santé, sociales, d'éducation, d'emploi, de formation) ; ni les infrastructures dont elle bénéficie, ni l'ensemble des ressources qu'elle considère comme gratuites ou extérieures à son champ. Elle ignore par ailleurs l'ensemble des coûts environnementaux et sociaux qu'elle provoque (pollutions, utilisation de ressources gratuites, aides à l'investissement, allègements fiscaux, licenciements, préretraites), ainsi que les pans de « capital » qui disparaissent lorsqu'elle est rachetée, fusionnée, ou qu'elle disparaît.

Quant à la comptabilité nationale, elle ne prend pas en compte l'environnement, le capital humain, les retraites, les coûts sociaux non réparables, le désinvestissement politique, les souffrances provoquées par le chômage. Elle ne sait pas non plus valoriser ou reconnaître la valeur du temps libre, de la bonne éducation donnée aux enfants, des structures familiales ou des transitions souples, pas plus, à rebours, que les violences multiformes, les morts, les guerres. Elle est incapable de mesurer la productivité des agents de l'État, ou des services publics en général, et laisse ainsi penser qu'il n'y a là qu'une dépense. Au mieux, elle compte tout cela pour rien.

On en arrive ainsi à une situation invraisemblable où l'on se focalise sur un indicateur, de richesse – paraît-il – qui pourrait très bien recouvrir une situation catastrophique (guerre civile, répartition totalement inégalitaire des revenus...). On ne s'intéresse qu'au résultat de la transformation, de la mise en dehors, de l'exhaustion, de la mise en forme, bref de l'opération qui consiste à mettre en valeur une toute petite partie de la vie sociale.

Qu'est-ce qu'une société riche ?

Il est temps de répondre à cette question. C'est une société qui a sans doute un assez bon PIB, qui produit en quantité suffisante des biens et des services pour les mettre à disposition des individus ; mais c'est aussi une société qui répartit continûment les revenus issus de la production, et qui permet à l'ensemble de la population active de participer à celle-ci ; c'est encore une société bien éduquée, bien liée, dont le niveau de participation démocratique est élevé, où l'égalité des sexes est développée, où les individus ont un égal accès aux soins de qualité, où l'air est respirable, où les personnes ont du temps à consacrer à leur famille et à eux-mêmes, où la violence est peu répandue, où les libertés individuelles et publiques sont totales, où les conditions de tous sont dignes, où la xénophobie et l'incivisme sont combattus, où les individus apprennent à être des sujets.

La comptabilité nationale ne nous est d'aucun secours pour mesurer cette richesse-là. Et cela est grave non seulement parce que, de ce fait, nous ne mesurons pas les progrès ou les régressions que peuvent subir ces différents aspects de la vie sociale, mais surtout parce que rien ne nous permet de vérifier si les bons résultats dont nous nous targuons ne s'accompagnent pas d'une destruction des fondements mêmes de notre société, des fondements d'une vie bonne.

Ces critiques ont été formulées depuis fort longtemps, et il est difficile de comprendre pourquoi elles sont restées lettre morte. Dès 1968, Bertrand de Jouvenel écrivait : « L'anatomie de la richesse n'est pas une physiologie du bien-être [...]. Étant donné le surcroît de puissance dont nous avons disposé, l'existence des hommes a été moins améliorée que ne l'aurait imaginé un homme d'autrefois : il s'attendrait à ce que la richesse de la civilisation fût annoncée par la beauté des villes et le langage des citoyens. Un homme du XVIIIe siècle aurait pensé à la beauté du cadre de vie, à la diffusion de la culture, à l'augmentation de la participation à la vie intellectuelle, artistique, civique[1]. »

En effet, les résultats dont nous nous targuons aujourd'hui doivent être mesurés selon deux critères. Celui du progrès, d'abord. En quoi notre progrès a-t-il consisté ? Jouvenel note encore, dans le même texte, que le progrès est « l'accroissement successif du patrimoine social, tellement que chaque génération active lègue à la suivante un plus riche actif, tangible et intangible[2] ». Mais la comptabilité nationale n'est pas le bon instrument. L'autre critère est celui du bien-être, individuel et collectif, dont les caractéristiques peuvent certes être en partie subjectives, mais aussi largement objectives. « La comptabilité nationale est l'instrument indispensable de la politique économique moderne, continue Jouvenel. Elle offre

1. B. de Jouvenel, « Organisation du travail et aménagement de l'existence », *op. cit.*

2. *Ibid.*

une image cohérente mais non exhaustive. Ce qu'elle écarte est en effet négligeable pour une politique économique conjoncturelle, mais non pas pour une politique sociale prospective[1]. »

Le problème est qu'il existe aujourd'hui un assez grand accord, me semble-t-il, sur ces critiques. Mais l'on fait comme si le travail auquel elles invitent était si délicat et si peu adapté à la résolution des problèmes de très court terme qu'elles ne déclenchent absolument aucune action. Pendant ce temps se répandent les discours et les représentations les plus absurdes, selon lesquels puisque seules les entreprises créent vraiment des richesses, elles doivent aujourd'hui obtenir tout pouvoir pour accomplir cette tâche nationale, c'est-à-dire obtenir un chèque en blanc pour mobiliser tous les moyens (baisses de salaires, conquête des marchés lointains, invention des produits les plus sophistiqués, effacement du droit du travail, libéralisation totale de tous les marchés financiers, suppression de tous les obstacles à la libre concurrence, réduction des indemnisations de chômage, réduction de la protection sociale, mise au point de contrats abaissant drastiquement le coût de la main-d'œuvre, aide de l'État à la rémunération du travail sous la forme d'une allocation universelle) pour revenir un jour en vainqueurs, munies de cette augmentation du PIB, de notre richesse nationale.

---

1. Jouvenel, *op. cit.*, p. 266.

Mais où reviendront-elles ? À qui auront-elles encore des comptes à rendre ? À qui seront distribuées ces richesses ? Qu'aurons-nous gagné, en fin de compte ? Peu importe que la thèse de Reich [1] soit vraie ou pas (les entreprises n'auraient plus aujourd'hui de territoire de rattachement, elles seraient devenues totalement apatrides). Mais qui sont les actionnaires qui obtiennent une rémunération de leur prise de participation, sinon d'autres entreprises, et bien sûr des fonds de pension ? Qui sont les salariés qui récupéreront une partie de ces richesses, et sous quelle forme ? Qui payera le prix de ces dérégulations qui ont pour conséquence l'enrichissement des petits et des gros actionnaires ? Ne sommes-nous que des actionnaires, que des porteurs de capital en attente d'un accroissement perpétuel du capital investi ?

Le capitalisme « classique » s'est transformé, grâce à la libéralisation des marchés financiers, en capitalisme financier dont la pression s'accroît chaque jour un peu plus sur l'ensemble des acteurs. C'est d'une certaine manière à bon droit que les entreprises réclament qu'on leur donne les moyens d'opérer librement, comme leurs concurrentes, sur un marché où désormais tous les coups sont permis. Il en résulte d'incroyables exigences de rentabilité des actionnaires à l'égard des fonds investis, qui doivent

1. R. Reich, *L'Économie mondialisée*, Dunod, 1993.

aujourd'hui atteindre des taux d'environ 12 % par trimestre, ce qui ne permet plus, reconnaissent les entreprises elles-mêmes, de faire des projets de long terme, ni même de prendre en considération des objectifs importants pour elles à long terme. Le ressort du capitalisme est en quelque sorte poussé à son comble : le capital investi fait l'objet d'une mise en valeur dont la rentabilité doit être immédiate, et dont les coûts pour l'entreprise et pour la société ne peuvent plus être pris en compte [1]. C'est ainsi que les entreprises se privent de matière grise, déstructurent leurs pyramides des âges, ne font sans doute pas les investissements nécessaires en recherche-développement, privilégient les retours sur investissements de court terme et que la nature des produits eux-mêmes ne peut pas échapper à cette dégradation généralisée. On dilapide ainsi de plus en plus rapidement l'ensemble des ressources qui constituaient le capital de départ.

Tout le problème est évidemment que l'on ne saura jamais si l'on n'aurait pas pu mieux faire : si telle ou telle décision était vraiment bonne, si une autre n'aurait pas produit de meilleurs effets. Nous évoluons dans un monde où il n'y a pas d'évaluation

1. Sur ces questions, voir la thèse de R. Beaujolin : *La Quête infinie de la flexibilité*, 1997 et, du même auteur, « Les Engrenages de la décision de réduction des effectifs », *Travail et Emploi*, La Documentation française, n° 75, 2/98.

des actions entreprises, non seulement parce que l'on considère que la survie ou la mort de l'entreprise est un résultat suffisant, mais également parce que les instruments de pilotage ou d'évaluation ne servent plus à grand-chose. Les travaux récents concernant les décisions de licenciement – mais les mêmes ont été faits sur les décisions d'investissement, avec les mêmes résultats – mettent en évidence un effet de mimétisme généralisé : on licencie pour faire comme le voisin ou plutôt pour faire ce que l'on pense que le voisin va faire, et pour s'ajuster sur ce que l'on imagine que sont ou que vont être les standards mondiaux, qui sont ainsi déterminés par tout le monde et par personne à la fois. Une énorme partie de la vie sociale est ainsi soustraite à la réflexion et à la décision collective – alors qu'elle emporte pour celle-ci de très nombreuses conséquences –, à la rationalité et à l'évaluation par le corps social.

Or, il faudrait pouvoir juger tout cet ensemble à l'aune des résultats, ce qui n'est pas très facile, car cette évaluation ne peut pas se limiter à la valeur ajoutée produite. Si vraiment nous voulons prendre les entreprises au mot et juger de leur capacité à contribuer à la richesse nationale, au sens le plus large de ce terme, alors nous avons besoin d'une évaluation multiforme et suffisamment large, qui d'une certaine manière « mette à leur actif », au sens propre du terme, l'ensemble des effets qu'elles ont produits sur la société, l'ensemble des coûts qu'elles ont générés pour l'ensemble de la collectivité – en pollutions, dégradations de l'environnement, utilisation de ressources gratuites ou mises à disposition par l'État, précarité du travail, mise au rebut d'investissement –, le surcroît de bien-être qu'elles ont apporté, et à qui. On ne peut réserver l'évaluation aux seules politiques publiques, sous le prétexte qu'elles ne disposent pas du prix comme instrument de sanction ou critère de succès, et donc en arguant que la valeur ajoutée produite serait un indicateur suffisant de la richesse créée par les entreprises. Si celles-ci constituent – et nul n'en doute – un acteur essentiel de la vie sociale, on ne peut se résoudre à les laisser évoluer sans contrôle, sans que l'on puisse jamais savoir si en effet leur contribution est positive ou non. Cela impliquerait sans doute une comptabilité d'un genre nouveau, que n'approchent évidemment ni l'actuelle comptabilité d'entreprise ni le bilan social.

Les discussions sur les bienfaits du capitalisme se réduisent la plupart du temps à énoncer quelques chiffres et quelques « inventions » qui auraient rendu notre vie plus facile : la lutte contre les grandes maladies, les équipements ménagers, les progrès des communications, l'électricité, le confort dans l'habitat. On ne saura jamais si des formes plus douces de capitalisme auraient donné les mêmes résultats avec moins de coûts. Tout se passe comme si nous nous étions résignés à voir s'opérer sous nos yeux la marche du capitalisme, avec ses bienfaits et ses malheurs, comme si nous avions renoncé à orienter ce développement. Or, au risque de nous répéter, redisons que des sociétés où une partie importante de la population vit au-dessous du seuil de pauvreté, où une fraction plus grande encore se sent chaque jour menacée et n'ose pas faire de projets, où l'investissement démocratique est si faible, où le Front national obtient des scores très élevés aux élections, où un nombre important de personnes restreignent leurs besoins de soins, n'est pas une bonne société, ce que ne pourra contredire aucun gros PIB. Le constat ne concerne évidemment pas que la France. Les États-Unis sont, parmi les pays riches, l'un des plus inégalitaires qui soient, l'Allemagne abrite plus de quatre millions de chômeurs et deux millions d'emplois à 610 marks, sans protection sociale, tandis que les entreprises réalisent d'énormes profits.

D'où la nécessité de s'accorder collectivement sur ce qu'est une société riche, désirable, dans laquelle des conditions de vie dignes conviennent à tous ; ce qui ne peut advenir que si nous abandonnons l'idée que la production est notre seul dessein, le PIB notre seul indicateur, le capitalisme le seul mode de mise en valeur du monde. Il nous faut décider collectivement des objectifs que nous avons à poursuivre, des sacrifices que nous acceptons de faire pour y parvenir et reprendre la maîtrise sur l'ensemble du processus. Les moyens et la faisabilité devront ensuite être discutés, mais il importe d'abord de s'accorder sur le fond.

7. Pour une politique de civilisation

Les Lumières s'étaient donné pour objectif de lutter contre l'obscurantisme et de faire triompher la raison. Deux mots d'ordre constituaient le cœur de cette entreprise : l'idée d'un sujet autonome [1], et celle du progrès de la civilisation. Le sujet conscient et responsable de ses possibilités et de ses limites devait faire progresser les Lumières sur toute la surface de la Terre, et dans une même marche, la civilisation, c'est-à-dire promouvoir le respect d'autrui, la morale, la culture et la paix. Civiliser l'individu, civiliser la société, civiliser les rapports entre États, tels étaient les objectifs. Les deux guerres mondiales et les atrocités qui les ont accompagnées ont constitué un immense choc pour la conscience

1. « Les Lumières, c'est la sortie de l'homme hors de l'état de tutelle dont il est lui-même responsable. L'état de tutelle est l'incapacité de se servir de son entendement sans la conduite d'un autre. On est soi-même responsable de cet état de tutelle quand la cause tient non pas à une insuffisance de l'entendement mais à une insuffisance de la résolution et du courage de s'en servir sans la conduite d'un autre. *Sapere aude* ! Aie le courage de te servir de ton propre entendement ! Voilà la devise des Lumières », Kant, *Qu'est-ce que les Lumières ?* (1784), 1991, GF-Flammarion.

européenne, et introduit un doute fondamental, d'une part, sur la capacité des hommes à s'ériger en sujets, d'autre part, sur le caractère réaliste de la poursuite de la civilisation. Des critiques extrêmement fortes ont été portées contre la logique même qui animait le projet des Lumières et sur son caractère pervers immanent. De manière récurrente ces dernières quarante années, l'idéal des Lumières a été jugé en partie responsable des maux qu'a amenés avec elle la modernité : c'est lui qui aurait en particulier poussé les individus à se croire tout-puissants, porteurs d'une rationalité illimitée, justifiés à transformer radicalement le monde dans lequel nous vivons au mépris des traditions et de la liberté individuelle.

Tout se passe comme si les opinions publiques occidentales avaient fait depuis le choix du moindre mal, qui a pris la figure du développement économique, visée axiologiquement neutre, donc non susceptible de faire resurgir le totalitarisme. Le fait qu'une grande partie des élites allemandes et autrichiennes aient eu à connaître le totalitarisme et, ayant trouvé refuge aux États-Unis, aient développé pendant les vingt années qui suivirent la Seconde Guerre mondiale des théories profondément antitotalitaires et individualistes (comme les œuvres de Popper ou de Hayek...) n'est sans doute pas sans lien avec ce « rabattement » des objectifs assignés à la société ou à l'humanité : d'abord préserver l'individu, ne jamais ériger de grandes théories au nom desquelles on pourra massacrer des peuples, ne pas vouloir installer des « artifices » en lieu et place des régulations naturelles ou des ordres spontanés, se méfier des interventions humaines volontaristes, laisser se déployer une société respectueuse des libertés individuelles et ouverte [1], une « grande société », et se contenter d'objectifs communs de développement économique et d'enrichissement, mais surtout pas plus.

Mais la poursuite du seul accroissement des potentialités économiques ne peut pas suffire. À long terme, il est même contre-productif. Il nous faut sans doute aujourd'hui en revenir à ce que peut nous apporter la notion de civilisation, pour voir si l'objectif de civiliser toujours plus notre société et les individus qui la composent ne doit pas désormais reprendre sa place.

Qu'est-ce que la civilisation ?

Nous possédons d'excellentes analyses sur les conditions d'apparition, dans les idées et dans le

1. Dans *La Société ouverte et ses ennemis*, K. Popper revient longuement sur les idéologies qui ont préparé, selon lui, les dérives totalitaires du XXe siècle : Platon et Hegel sont les principaux responsables, qui ont voulu construire de toutes pièces une société idéale, qui s'est révélée dans la réalité le plus grand ennemi de l'individu.

vocabulaire politique et intellectuel, de la notion de civilisation. Lucien Febvre fut un pionnier de cette recherche, suivi par Émile Benveniste et par Norbert Elias. Nous savons ainsi que le mot est apparu à peu près en même temps en France et en Angleterre, dans notre pays, en 1757, chez Mirabeau : « La religion est sans contredit le premier et le plus utile frein de l'humanité : c'est le ressort de la civilisation [1] », et en Angleterre entre 1766 et 1772 (Boswell rapporte une conversation qu'il aurait eue avec Johnson, le rédacteur d'un dictionnaire célèbre, et indique : « Johnson ne veut pas y admettre civilisation, mais seulement civilité. Quelle que fût ma déférence pour ses opinions, je pensais cependant que civilisation, dérivant de civiliser, aurait mieux valu que civilité pour exprimer le contraire de barbarie [2]. »)

En France, d'abord employé dans le sens de développement de la politesse, adoucissement des mœurs (la civilisation étant l'acte qui tend à rendre l'homme et la société plus policés, plus civilisés), le mot évolue et « civilisation » en vient à désigner, comme en Angleterre, le mouvement collectif et originel qui fit sortir l'humanité de la barbarie puis – de l'action au

1. In Benveniste, *Problèmes de linguistique générale*, Gallimard, 1966, p. 338.

2. L. Febvre, « Civilisation : évolution d'un mot et d'un groupe d'idées », in *Civilisation, le mot et l'idée*, Publications du centre international de synthèse, La Renaissance du livre, 1930, p. 8.

résultat – l'état de la société civilisée [1]. Curieusement, « civilisé » était utilisé comme adjectif depuis très longtemps : Montaigne, Descartes, Voltaire, Rousseau utilisent le terme « civilisé », ainsi que le verbe, mais pas le substantif. Plus curieusement encore, le terme de « civilisation » est construit sur le terme qui n'est pas le plus prisé à l'époque.

Comme le raconte en effet Lucien Febvre, tout au long du XVIIe siècle, les auteurs français classent les peuples selon une hiérarchie à la fois vague et fort déterminée : en bas, les sauvages, puis les barbares, ensuite les peuples détenteurs de la civilité, puis de la politesse, puis d'une sage police. Au-dessus des peuples civils, au-dessus des peuples polis prennent donc place les peuples policés, le terme de police introduisant dans la sphère du droit, de l'administration, du gouvernement. Au XVIIe, c'est police qui est opposé à barbarie. Au début du XVIIIe siècle, sous la plume de Voltaire, de Rousseau et des Encyclopédistes, le terme de « peuple policé » est constamment utilisé. Tous ces hommes, écrit Febvre, sont en quête d'un mot qui désigne le triomphe et l'épanouissement de la raison non seulement dans le domaine constitutionnel, politique et administratif, mais aussi dans le domaine moral, religieux et intellectuel.

---

1. P. Beneton, *Histoire de mots : culture et civilisation*, Presses de la Fondation des sciences politiques, 1975, p. 33.

Pour diverses raisons, sur lesquelles s'attardent Febvre et Benveniste, mais qui ne nous intéressent pas ici, c'est le mot « civilisation » qui triomphe, en particulier parce que c'est un mot neuf, qui ne transporte pas avec lui les significations multiples et en pleine évolution de « civilité » ou de « police », et surtout parce qu'il exprime une dynamique alors que les autres mots sont statiques : il exprime un mouvement, un sens, un idéal. La civilisation est tout à la fois un état, un processus et un idéal : « Pour tous ces hommes, écrit Febvre, quelles que soient leurs tendances particulières, la civilisation demeure avant tout un idéal [...]. En eux vit, sans soulever d'inquiétude, la notion absolue et unitaire d'une civilisation humaine apte à conquérir peu à peu l'universalité des groupes ethniques [1]. » L'histoire du mot est ensuite passionnante. Il nous faut nous y attarder encore un peu pour comprendre si et comment ce terme peut nous être à nouveau utile aujourd'hui. Je résume donc à grands traits l'incroyable épopée du terme, et de son voisin et concurrent : culture.

Le premier trait est celui-ci : très rapidement, c'est-à-dire à la fin de la Révolution, le terme de civilisation est exclusivement employé en France comme s'il s'agissait pour notre pays d'un processus accompli, d'un stock de valeurs que nous aurions désormais à porter ailleurs. Elias cite cette fameuse

1. L. Febvre, *op. cit.*, p. 23.

phrase de Napoléon au moment de la campagne d'Égypte : « Soldats, vous vous lancez dans une conquête dont les conséquences seront incalculables pour la civilisation [1]. » S'ouvre alors l'époque de la conception optimisme et impérialiste de la civilisation : on sait combien ce terme sera utilisé dans toutes les entreprises de colonisation, qu'il s'agisse de l'Algérie, du Tonkin ou de l'Afrique.

L'idée est que les sociétés occidentales, et particulièrement la France, sont désormais dépositaires de ces valeurs universelles, portées chez elles au plus haut degré, et qu'elles ont pour mission d'aller transmettre aux pays moins développés. Mais, pendant ce temps, une autre antithèse s'est développée, qui trouvera son acmé au lendemain de la Première Guerre mondiale et qui va jouer un rôle non négligeable dans les rapports entre les deux pays : les Allemands, depuis la fin du XVIIIe siècle, reprochent au terme de « civilisation » d'être trop superficiel et lui préfèrent celui de « culture » (et plus encore celui de « *Bildung* », dont une traduction insuffisante est « formation »). Elias explique cette opposition par la nature des classes qui la véhiculent. En France, la bourgeoisie, assez proche de l'aristocratie et du pouvoir, ne prend absolument pas le contre-pied des concepts et des idées de l'aristocratie : ceux-ci « procèdent de la cristallisation, autour de certains

1. *La Civilisation des mœurs*, Agora, 1997.

concepts aristocratiques de cour tel qu'état civilisé, d'autres concepts tirés du domaine de leurs revendications politiques et économiques ». En Allemagne, en revanche, la classe qui porte la revendication de *Kultur* est très éloignée de l'aristocratie et des centres réels du pouvoir, elle est peu nombreuse et se compose surtout de fonctionnaires et de lettrés : les milieux allemands cultivés méprisent la « civilisation », notion purement ornementale, et lui préfèrent la « culture », le domaine de la profondeur, des idées, de l'art, de la philosophie, de la science et de la morale.

Cette notion sera réinterprétée au XIXe siècle dans le sens du particularisme allemand et « tendra à définir le caractère allemand dans son opposition au reste de l'humanité [1] ». On parle d'abord de culture nationale, d'où ressort très rapidement l'idée que le vrai représentant de la culture, son incarnation supérieure est l'Allemagne. Les échanges et les emprunts entre les deux pays sont nombreux avant la guerre. L'avant-guerre voit se crisper l'opposition entre les champions de la *Kultur* et ceux de la « civilisation », qui devient une antienne dans la presse. Toute l'intelligentsia française se mobilise au service de la patrie et de la civilisation : le 23 août 1914, l'éditorial de *L'Humanité* est intitulé « Pour la civilisation ». Pendant l'entre-deux-guerres, le conflit redouble

1. P. Beneton, *op. cit.*

d'intensité. « Par opposition à la *Zivilisation* qui représente l'intellectualisme desséché et la mécanisation, elle [la *Kultur*] exprime l'âme profonde, authentique, vivante d'une communauté ; la Kultur procède de l'essence nationale. C'est pourquoi les différentes *Kultur* sont irréductibles entre elles, c'est pourquoi en particulier la *Kultur* allemande, la *Kultur* par excellence, est irréductible à toute autre [1]. » À la fin de l'entre-deux-guerres pourtant, le conflit s'apaise, tant les échanges de points de vue ont été nombreux et tant les nuances entre les deux termes sont délicates. Les deux notions, désormais souvent employées ensemble, se trouvent au centre de la pensée du temps, certainement, soutient Beneton, parce que les deux sont en crise, et que l'entre-deux-guerres est une période d'interrogations et d'inquiétudes qui mettent profondément en question les significations traditionnelles des deux termes. L'époque de la civilisation triomphante est close.

Mais, pendant toute cette période, et depuis le XVIIIe siècle, s'est opérée une autre transformation d'importance comme s'est constituée une autre opposition, qui prendra naturellement le relais de celle que nous venons de décrire à l'orée de la Seconde Guerre mondiale. Dès 1819, en effet, le terme de « civilisation » apparaît utilisé au pluriel :

1. P. Beneton, *op. cit.*, p. 95.

« les civilisations », ce qui va évidemment totalement à l'encontre de la visée universaliste de la notion dans sa première version : comment peut-il y avoir des civilisations si la civilisation est un ensemble de valeurs portées au plus haut point dans les sociétés occidentales, comment des sociétés non civilisées peuvent-elles néanmoins être appelées des civilisations ? Guizot opérera une première synthèse entre les deux notions en 1828 dans *De la civilisation en France*, puis, l'année suivante, dans *De la civilisation en Europe*. Il y a une grande histoire de la civilisation du genre humain, qui s'opère à travers diverses civilisations et s'incarne de manière différente dans celles-ci.

La suite de l'histoire voit la victoire du terme de « culture » : c'est en 1871 qu'Edward Burnett Tylor, dans *Primitive Culture*, donne une définition scientifique des deux mots, les déchargeant de tout jugement de valeur : « Culture ou civilisation, pris dans son sens ethnologique le plus étendu, est ce tout complexe qui comprend les sciences, les croyances, les arts, la morale, les lois, les coutumes, et les autres facultés ou habitudes acquises par l'homme en tant que membre de la société [1]. » L'emploi de « culture » va ensuite se répandre dans le vocabulaire anthropologique américain, puis dans les travaux sociolo-

1. E. B. Tylor, *Primitive Culture*, t. I, « The Origins of culture », introduction.

giques. Les deux termes sont désormais exempts de toute visée normative, et les travaux anthropologiques et ethnologiques vont précisément servir de machine de guerre contre les prétentions universalisantes du terme : « Les hommes d'État, les philosophes, le public, les publicistes encore plus parlent de la civilisation. En période nationaliste, la civilisation c'est toujours leur culture, celle de leur nation, car ils ignorent en général la civilisation des autres. En période rationaliste et généralement universaliste et cosmopolite [...], la civilisation constitue une sorte d'état de choses idéal et réel à la fois [...]. Cette parfaite essence n'a jamais eu d'autre existence que celle d'un mythe, d'une représentation collective... Naturellement, cette civilisation, c'est toujours l'occidentale [1]. »

Ainsi se termine, provisoirement, l'histoire mouvementée du terme de civilisation. Elle nous apprend en particulier que les mots constituent des bannières et qu'ils sont remplis de sens, à un moment donné, dans une conjoncture donnée, en vue d'un usage précis : ce fut le cas du mot civilisation à plusieurs reprises au cours de notre histoire. La question est de savoir si ce terme peut encore nous être d'une quelconque utilité aujourd'hui.

1. *Civilisation..., op. cit.*, M. Mauss, « Les Civilisations, éléments et formes », p. 103.

Mondialisation ou civilisation ?

Pour répondre à cette question, quelques préliminaires sont nécessaires. D'abord, pouvons-nous continuer aujourd'hui à nous passer d'un dessein, d'une mise en forme dans un mot de nos ambitions et de nos projets ? On le voit, le mot a une utilité fondamentale : il condense une idée, il permet aux opinions publiques de concevoir leur destin, d'une certaine manière de le prendre en main, que ce soit en l'acceptant ou en le refusant. Il permet l'explicitation du projet qui peut animer une société et constitue un moyen fondamental de communication entre un gouvernement, ses élites et la population, entre la société et elle-même. Il peut susciter les débats. Aujourd'hui, le mot qui nous porte, qui nous est imposé de l'extérieur, et que par conséquent nous subissons, est « mondialisation ». Le processus auquel nous assistons, impuissants dans une grande mesure, au moins pour la majorité d'entre nous, est la mondialisation de l'économie, c'est-à-dire d'abord des échanges financiers, mais aussi des échanges tout court, et de plus en plus de la production elle-même. Non seulement ce processus nous est imposé, car nous n'avons pas pu le discuter et il n'est pas issu d'une réflexion ou d'un débat collectif, mais il ne concerne de surcroît qu'une partie réduite de la réalité sociale. Ce qui ne signifie pas que ses effets ne se fassent pas sentir sur l'ensemble de la vie sociale, et ne soient pas appelés à se faire sentir de manière toujours plus forte. Mais il ne s'agit là ni d'un projet de vie ni d'un projet de société. Au contraire, c'est un processus sans contenu quant aux formes de vie que nous souhaitons voir se développer, sans rapport avec les priorités qui nous semblent devoir être poursuivies, avec les domaines que sont l'éducation ou la santé, avec la répartition des richesses, avec le rythme des progrès techniques, avec les formes de l'habitat, avec la manière dont pourraient évoluer les modes de participation démocratique. Il s'agit d'un concept exclusivement opératoire qui n'est mis au service de rien.

À moins qu'il ne soit pensé comme intrinsèquement lié à un projet mondial, c'est-à-dire animé d'une visée délibérément universelle : mondialisation signifie-t-il alors cosmopolitisme ? Les idéaux des Lumières sont-ils de retour ? Il ne semble pas. Tout se passe plutôt comme si de beaux discours nous étaient présentés qui nous assurent que la mondialisation de l'économie entraînera la plus grande richesse possible, la meilleure vie possible et peut-être aussi les meilleurs rapports politiques, la paix dans le monde, le progrès de la justice, de nombreux échanges culturels, un renforcement des libertés individuelles ainsi que, peut-être, de nouvelles institutions mondiales qui permettront ces avancées remarquables. Mais si tel est le cas, tout cela demande évidemment à être démontré : il faut d'urgence expliquer aux opinions publiques comment la mondialisation, surtout si elle est conçue – comme c'est actuellement le cas – sur le mode d'un pur processus d'élimination des obstacles à la circulation des capitaux et des biens, sans que des règles élémentaires et des institutions mondiales de régulation soient mises en place, comment donc un pur mode opératoire peut apporter une telle moisson de bienfaits.

Ou bien sommes-nous en accord avec la visée neutre de la mondialisation et revendiquons-nous son caractère strictement opératoire ? Il s'agirait alors d'une notion qui indiquerait que de plus larges perspectives d'enrichissement (marchand s'entend) nous sont offertes dont chacun (entreprise, nation, individu) fera ensuite ce qu'il voudra, ce qui permettrait d'éviter d'incorporer dans ce concept des jugements normatifs qui n'ont pas lieu d'être, et de lui conserver sa pureté et sa neutralité axiologique. Bref, la mondialisation serait ainsi un concept non totalitaire, donc bon par nature.

Nous ne pouvons pas nous satisfaire de telles approximations. Nous ne pouvons nous satisfaire d'aucune des deux réponses, que la mondialisation soit simplement un opérateur qui laisse à chacun sa liberté (volontairement ou non), ou qu'elle soit présentée comme la véritable manière d'augmenter le bonheur mondial. Les opinions publiques, leurs relais et les gouvernements ne doivent pas nécessairement s'opposer à ce processus, mais, en revanche, absolument exiger de ceux qui le portent qu'ils explicitent les enchaînements vertueux qu'ils annoncent.

Il nous faut traiter plus à fond cette question, mettre en place un moratoire avant d'aller plus loin dans un processus qui risque de nous faire sombrer dans le nihilisme et la violence, dans un processus insensé au sens propre du terme, et ce d'autant plus que les États n'ont même plus les moyens d'imposer quelque règle que ce soit. Le processus de mondialisation est par ailleurs guidé par cette seule logique : pas de règle. On sait pourtant bien où cela conduit. Faut-il inviter nos gouvernants à relire la philosophie politique du XVIIIe siècle : là où il n'y a pas de règles, ce n'est pas la libre concurrence qui s'installe, c'est tout simplement la loi du plus fort, la loi de la jungle, ce que l'on appelait la loi de nature, c'est tout simplement la guerre de tous contre tous, et c'est précisément pour éviter cette situation de violence que les théoriciens politiques ont inventé l'idée d'État.

Nous ne pouvons pas non plus faire comme si les ambitions dont était porteuse l'idée de civilisation pouvaient aujourd'hui être véhiculées par le capitalisme, comme si en effet, ainsi que le soutenait Smith en 1776, l'enrichissement emportait nécessairement avec soi la civilisation (Smith employant ainsi l'un des premiers cette jeune notion). Et nous ne pouvons pas entièrement renoncer à afficher d'autres desseins que la diffusion du capitalisme à l'échelle mondiale. Non seulement parce que l'on ignore s'il sera porteur de civilisation ou de destruction, mais aussi parce que, quoi qu'il en soit, il n'épuise en aucune manière les visées politiques, sociales et intellectuelles des sociétés et des individus qui les composent, il ne peut suffire à donner un sens à leur vivre-ensemble. S'il en allait ainsi, nous nous résignerions à ne poursuivre qu'un enrichissement économique et financier – sans d'ailleurs nous préoccuper de la manière dont ces richesses sont produites, redistribuées et utilisées –, et nous irions vers une catastrophe identique à celles que peut produire un trop-plein d'idéologie, le non-sens et l'affrontement avec d'autres civilisations qui, elles, proposeront un sens.

Critique de la société de marché

Nombreux sont ceux qui défendent aujourd'hui ces idées en déployant beaucoup de bons arguments. Mais tout se passe comme si elles se développaient sans nous, et comme s'il n'y avait déjà plus rien à faire, comme si rien ne pouvait s'opposer à l'alliance du capitalisme financier et de l'économie classique. Il n'est pas dans notre propos de nous attarder trop longuement sur les dangers inhérents au développement d'un tel processus. La critique qui doit en être faite peut emprunter trois voies. En premier lieu, du point de vue de la théorie qui sous-tend la forme actuellement prise par le capitalisme. J'ai retrouvé dans *L'Homme mondial*, de Philippe Engelhard, les arguments que j'avais utilisés dans mon texte sur le travail afin de démontrer que l'idéologie libérale et de la grande société qui sous-tend ce processus est une idéologie de la non-société, une idéologie antisociété, sur laquelle nous ne pouvons fonder sérieusement aucun raisonnement. J'ai tenté aussi de montrer, dans la première partie du présent ouvrage (après beaucoup d'autres, par exemple Dupuy), que la théorie des préférences individuelles et de leur absolue séparabilité et incomparabilité, qui est au fondement de l'économie classique et de l'idéologie néolibérale, empêche toute détermination d'un objectif commun à la société, qu'elle ne reconnaît pas.

On peut toujours défendre, pour des raisons de croyance philosophique, l'idée qu'il n'y a que des individus, que leurs préférences sont incomparables et que la société est un mythe, comme nous y invite la théorie libérale anglo-saxonne. Je ne crois pas qu'une telle position puisse être fondée en raison. Le plus grand penseur du sujet, Kant, sur lequel s'appuient ces raisonnements, n'envisage pas d'autre horizon de vie pour les individus que la société, même si celle-ci est pensée comme association ; et aucun philosophe n'est jamais parvenu à fonder une véritable théorie du solipsisme. Maintenant, en pratique, nous constatons chaque jour que nous sommes toujours déjà en société, en interaction avec d'autres, en rapport avec d'autres sujets qui contribuent à se construire les uns les autres.

Ensuite, la critique des formes actuelles du capitalisme peut être menée du point de vue de ses résultats, qui, quoi qu'on en dise, ne sont pas brillants. Peut-être notre richesse totale (au sens restreint de ce terme que j'ai indiqué plus haut) a-t-elle augmenté, mais elle s'accompagne de tels désastres qu'on ne peut aucunement en tirer un bilan positif : les inégalités se sont approfondies, cela est clair pour la majeure partie des pays occidentaux. Le développement des formes actuelles de capitalisme s'accompagne de coûts humains et environnementaux insupportables qui empêchent que l'on puisse croire un instant aux théories optimistes d'un Sauvy [1], car les problèmes ont changé de dimension et de nature. Nous dira-t-on que c'est parce que le processus n'est pas achevé ? On peut craindre au contraire que ce soit bien pire lorsque le processus aura en effet atteint son terme, dans une concurrence et une guerre généralisées.

La troisième critique est celle qui me semble la plus importante : le capitalisme, le pur développe-

1. A. Sauvy parle du déversement d'un secteur dans un autre : le secteur secondaire perd certes des emplois, mais après un certain temps de transition, la totalité des emplois, voire un nombre plus grand, sont recréés dans le secteur tertiaire. L'effet est globalement positif.

ment économique, la crispation sur l'objectif de mise à disposition des hommes de ressources de plus en plus nombreuses et toujours plus efficacement produites n'épuise en aucune manière la vocation et les attentes de l'humanité ; il ne peut pas combler l'ensemble de nos espoirs, ni constituer la seule manifestation de l'idée de progrès ou de bien-être. En revanche, que nous puissions considérer que la vie de chacun, comme de l'espèce, ne s'arrête pas à l'accumulation des ressources nécessaires à la vie, que nous soyons habités par la volonté de faire un monde meilleur – pour nous sinon pour nos enfants –, que cela recouvre des dimensions multiples, qu'il s'agisse de vouloir un monde plus juste, plus libre, plus égal, un monde où les conditions d'accès aux biens matériels et intellectuels sont plus égales, où les femmes sont les égales des hommes, où l'exploitation est moindre, où des désirs spirituels sont également satisfaits, un monde où chacun parvient à devenir véritablement sujet, un monde où le progrès, matériel, intellectuel et civique est également une réalité, cela ne me paraît pas pouvoir être nié.

C'est pour cette raison que la notion de civilisation me paraît essentielle à promouvoir, à condition d'éviter les errances qu'elle a connues. Peut-être est-ce l'interprétation que l'on a faite du terme de civilisation au moment même de son apparition sur la scène publique qu'il faut reprendre, c'est-à-dire l'idée de labourage permanent (on pourrait dire de travail, si le terme n'était pas devenu inutilisable par surcroît de signification) de l'individu sur soi-même et de la société sur elle-même, l'idée d'une perpétuelle amélioration, d'un perpétuel enrichissement, d'une perpétuelle mise en forme de ce que nous trouvons chacun en naissant. C'est dans cet usage qu'est employé le terme lors de sa toute première apparition (en 1766, à en croire Lucien Febvre) : « Lorsqu'un peuple sauvage vient à être civilisé, il ne faut jamais mettre fin à l'acte de civilisation en lui donnant des lois fixes et irrévocables : il faut lui faire regarder la législation qu'on lui donne comme une civilisation continuée [1]. »

Civilisation, culture, capitalisme

Tout se passe comme si la notion de civilisation avait achevé son processus dialectique : elle a un moment correspondu à l'idée de supériorité d'un ensemble de pays, voire d'un pays sur les autres. Pour cette raison, elle a été reniée et relayée par un relativisme culturel qui n'est pas plus soutenable que l'autre version : peut-on, par-delà ces deux formes extrêmes, en revenir, par une sorte de dépassement positif, à l'intention première que recouvrait l'expression, c'est-à-dire à l'idée que la civilisation est ce

1. Cité par L. Febvre, *op. cit.*, p. 5, citation tirée de *L'Antiquité dévoilée par ses usages*, de M. Boulanger.

processus jamais achevé, perpétuellement remis en question, valable pour les individus, pour les sociétés, pour les civilisations elles-mêmes, et à travers lequel celles-ci s'approfondissent, cherchent à développer ce qu'il y a de plus civil en elles, à domestiquer la barbarie et la violence que suscite la vie en société, à orienter le processus de développement humain d'une manière toujours plus digne, toujours moins barbare, toujours plus civilisée ?

En outre, seule cette manière de procéder – tâtonner, chercher ce que peut être ce surcroît de civilité [1] dans le développement de nos sociétés – nous permettra peut-être d'échapper au dogmatisme, à la confrontation des « meilleures » civilisations, au choc guerrier des civilisations. Mauss terminait le texte qu'il consacre à la notion de civilisation, en 1929, par une véritable profession de foi – que les années suivantes écornèrent pour le moins : juste après sa critique de ce que les Occidentaux ont fait de la civilisation (un porte-étendard de l'ethnocentrisme et du colonialisme), Mauss écrit : « Cependant, il est permis de croire que la nouveauté de notre vie a créé du nouveau dans cet ordre de choses. Il nous semble que, de notre temps, cette fois, c'est dans les faits et non plus dans l'idéologie que se réalise quelque chose du genre de "la Civilisation". » Et de citer le « capital croissant de réalités internationales et

1. Cf. P. Zarifian, *Éloge de la civilité*, L'Harmattan, 1997.

d'idées internationales [...]. De même qu'à l'intérieur des nations la science, les industries, les arts, la "distinction" même cessent d'être les patrimoines de classes peu nombreuses pour devenir, dans les grandes nations, une sorte de privilège commun, de même les meilleurs traits de ces civilisations deviendront la propriété commune de groupes sociaux de plus en plus nombreux [1] ». On sait ce qui s'est passé quelques années plus tard, et l'on peut ainsi comprendre pourquoi une telle méfiance a dès lors accompagné l'utilisation d'idées normatives de ce genre.

Il n'en reste pas moins que ce sont ces idées qui peuvent nous aider, malgré les échecs, malgré les retours en arrière, à lutter précisément contre ce que le développement livré à lui-même ou orienté par des idées barbares comporte de dangereux. En tout cas, mieux vaut pour nos sociétés avoir comme objectif réel le développement de la civilisation, avec les débats sur ce que cette notion doit précisément recouvrir, plutôt que de penser soit que le capitalisme peut réaliser cet objectif, soit qu'il vaut mieux ne pas afficher d'objectif du tout, et croire que le capitalisme est, lui, neutre, et donc plus désirable. La civilisation peut être considérée comme la manière dont le développement des sociétés se déroule. À la promotion du capitalisme, où le capital

1. *Op. cit.*, p. 104-106.

mis en valeur est restreint, mais où les moyens matériels et humains sont tous utilisés précisément comme moyens au service de la seule mise en valeur économique du monde, il me semble qu'il faut préférer le terme de développement, dont la base est plus large : développement des sociétés, développement humain. C'est ce développement, dont la vocation n'est pas d'être mis en valeur (comme le capital) mais d'être porté plus loin à partir d'un acquis, d'un patrimoine, qu'il faut penser sous la forme de la civilisation ; c'est ce développement qu'il faut tenter de civiliser.

Curieusement, aucun des auteurs qui se sont intéressés à l'histoire du mot civilisation, et des idées dont il a été porteur, ne s'est appesanti sur la racine du mot lui-même : *civis*, civil. On sait simplement que le terme signifiait auparavant le passage d'une affaire du droit criminel au droit civil. Il n'est d'ailleurs pas anodin que le mot soit issu, à l'origine, du droit. Nous y reviendrons. La racine du mot est bien *cives*, le citoyen, et elle le reste clairement lorsque le mot commence d'être employé dans son sens moderne et qu'il vise à se substituer aux expressions voisines et antérieures que sont civilité, politesse, police : ces mots disent tous quelque chose sur la vie en société, sur les lois et les mœurs qui régissent la vie du citoyen en société, comme si atteindre une certaine perfection dans ce domaine était l'objectif essentiel.

Civiliser la société et devenir des sujets : un processus infini

Les philosophes de l'époque ne disent d'ailleurs pas autre chose : relisons Kant, et en particulier *L'Idée d'une histoire universelle du point de vue cosmopolitique*. C'est bien cette question-là dont la résolution apparaît la plus cruciale et la plus difficile : « Le problème essentiel, pour l'espèce humaine [...], c'est la réalisation d'une société civile administrant le droit d'une façon universelle. » Kant note que ce n'est que dans la société que la nature peut réaliser son dessein suprême, c'est-à-dire le plein épanouissement de toutes ses dispositions dans le cadre de l'humanité. Une société dans laquelle la liberté soumise à des lois extérieures se trouvera liée au plus haut degré à une organisation civile d'une équité parfaite « doit être pour l'espèce humaine la tâche suprême de la nature ». Puis, Kant passe à la tâche vraiment complète qui incombe à l'homme : réaliser une constitution politique parfaite sur le plan intérieur, et donc également parfaite sur le plan extérieur, c'est-à-dire en ce qui concerne les relations entre les États. Ce qui doit nous conduire, c'est « l'espoir qu'après maintes révolutions et maints changements [...], un État cosmopolite universel arrivera un jour à s'établir ».

À la mise en valeur du capital mondial nous devrions préférer cet idéal, qui apparaît bien en effet non seulement comme la tâche qui nous incombe, l'orientation que nous devons toujours donner au développement de nos ambitions, mais certainement aussi comme la réalisation qui doit permettre de donner aux citoyens une place toujours plus importante, à l'égalité des gages de progrès, et aux individus une des conditions de l'augmentation véritable de leur bien-être. Cela confirme, s'il en était encore besoin, que le foyer de l'acte et du processus de civilisation est bien la cité, la politique, la communauté politique qui cherche à se maintenir et à s'inscrire dans le temps. C'est ce que dit magnifiquement Pierre Kaufmann, qui revient aux sources de cette idée, et donc aux Grecs : « Ainsi s'exprime – écrit Kaufmann en parlant du rassemblement des villages en communautés chanté par le chœur des Euménides – ce fait prodigieux, la chance de la survie donnée au groupe, la promesse d'existence conférée à une forme artificielle. C'est ce soutien perpétué, ce triomphe perpétué sur toute menace de dissolution, dont l'œuvre nous communique le sentiment et à travers l'éclat de cette œuvre ce que nous approchons [...], c'est l'éclat, la maintenance du lien social [...]. Ces deux aspects ou fonctions de la civilisation, sa fonction d'accumulation ou de réserve, de thésaurisation par laquelle sont mis à disposition de tous les fruits d'or d'une expérience accumulée et sa fonction novatrice ne sont donc pas antagonistes. Elles témoignent de la vertu de persistance de la société civilisatrice, de son énergie de liaison, de la puissance organique de vie qui est celle de la *polis* et par laquelle la *polis* se révèle apte à forger un type de solidarité qui ne soit pas celui de la famille naturelle, fondant ainsi le fait humain. C'est en ce sens que toute civilisation est politique [1]. » On pourrait ajouter : c'est en ce sens que la visée de toute civilisation est toujours politique.

Autrement dit encore, et j'en reviens à la fameuse expression de Boulanger que cite Febvre – « la civilisation continuée » –, nous ne pouvons pas nous contenter, comme projet de société, de la simple mise en valeur productive du monde, de l'exhaustion du monde sous la forme de la production. Nous devons aussi, pour employer des termes heideggeriens, le rendre habitable, vivable, regardable, respirable, humain, et cela, que les formes actuelles du capitalisme nous le permettent ou pas, ne peut advenir par le seul biais du développement économique.

Il est étonnant que le récent ouvrage de Huntington consacré aux chocs des civilisations [2] ne revienne ni sur l'aspect processuel du terme de civilisation ni sur l'aspect profondément politique – au sens d'un progrès général de la société – des rapports

1. P. Kaufmann, article « Culture et civilisation » de l'*Encyclopædia universalis.*

2. S. P. Huntington, *Le Choc des civilisations,* O. Jacob, 1996.

entre les individus et la société. Sa conception est purement statique : on se trouve face à des civilisations qui semblent presque figées sur elles-mêmes, sur leurs différences, sur leurs coutumes et qui se renvoient perpétuellement celles-ci. Or c'est bien l'aspect processuel qui nous importe aujourd'hui, qui vaut pour toutes les sociétés et toutes les civilisations, et met en avant l'idée que le développement interne et externe des sociétés demande des efforts sur soi-même et dans les relations avec les autres. Ces efforts n'ont pas seulement une dimension économique – l'accroissement des richesses –, et ne concernent pas les seules entreprises (car tout se passe comme si nos seules armes dans cette guerre étaient les entreprises et les parts de marché qu'elles peuvent s'arracher), mais aussi l'amélioration des relations sociales, des libertés individuelles et l'accès aux différents biens et services...

En revanche, bien que très consensuelle et un peu artificielle dans sa volonté de concilier l'idée universaliste de civilisation avec la diversité des civilisations, la tentative de Guizot dans son ouvrage *De la civilisation en France*, publié au début du XIXe siècle, paraît tout de même singulièrement intéressante. S'interrogeant sur ce qui progresse, sur le « sujet » du développement et du progrès qui accompagnent toujours l'idée de civilisation, Guizot distingue deux dimensions. La première concerne les relations des hommes entre eux. La seconde considère le développement de la vie individuelle, de la vie intérieure, de l'homme lui-même, de ses facultés, de ses sentiments, de ses idées. Cette interprétation est intéressante, parce qu'elle invite à penser ensemble le développement du monde (sa transformation, qu'il s'agisse d'améliorer toujours les relations sociales, la production de richesses et leur distribution) et celui de l'individu lui-même, de sa conscience, de sa responsabilité, de sa capacité, pourrait-on dire, à être sujet. Ici, la civilisation apparaît en effet comme cet effort à renouveler en permanence, effort sur soi, effort de la société sur elle-même.

C'est alors que l'on retrouve, au-delà de l'histoire tourmentée des deux termes culture et civilisation, le vieux fonds commun de signification, celui vers lequel faisait déjà signe l'expression romaine de *cultura animi*, qui signifie cultiver son esprit, labourer, approfondir, sculpter, mettre en forme, perpétuellement, les dispositions qui nous ont été données, le patrimoine individuel et social dont nous sommes dotés. Ce que l'on peut sans doute dire, au terme de cette histoire mouvementée qui s'est déroulée sur plusieurs siècles, c'est que culture et civilisation se rejoignent dans une signification unique de développement et mise en forme. La civilisation continuée n'est autre que la culture, ce mouvement que les Allemands ont pensé en effet au plus haut point comme *Bildung*, formation, éducation, mise en forme de soi-même et du monde. C'est cette tâche, si vaste et si difficile, que nous devrions nous fixer. Tant mieux si certaines formes de capitalisme peuvent nous aider à y accéder. Mais c'est évidemment à cette aune que nous devons juger le développement des sociétés qui composent le monde et celui de leurs relations.

C'est la raison pour laquelle j'ai tenté d'expliquer que le processus de mise en valeur du monde et de soi-même ne devait pas être englobé – par un abus de langage – sous le terme générique de travail, mais bien sous celui de culture : le travail est une des manières de mettre le monde en valeur, de même que le capitalisme est un des modes opératoires de développement. Cependant, cela ne peut suffire à ce que nous sentons nous-mêmes comme une tâche, mais aussi comme un ensemble de désirs, dont la satisfaction amène le bien-être. Nos facultés ne sont pas seulement des facultés productrices ou consommatrices, nous avons envie de nous exprimer autrement, de nous approfondir autrement, d'améliorer le monde aussi en le faisant meilleur, plus beau, plus égal, moins appauvrissant et moins dur pour les faibles. Le capitalisme bien régulé peut sans doute nous y aider et l'économie peut évidemment aussi nous aider à trouver les bons moyens de le faire. Mais que les deux transforment leur fonction ancillaire en impérialisme, c'est cela que nous ne devons pas accepter.

8. DES INDICATEURS DE RICHESSE AU SERVICE D'UNE POLITIQUE DE CIVILISATION ?

Au capitalisme comme objectif et comme méthode, il nous faut substituer l'impératif de développement. Et plus précisément l'idée de développement humain, qui recouvre au moins deux significations : un développement de l'homme, qui prend pour « sujet » et pour objectif l'homme ; un développement – de l'homme et de son environnement, du monde, de la nature – ayant pour caractéristique d'être humain, c'est-à-dire de respecter un certain nombre de critères définis a priori. L'idée de développement humain, qui n'est pas d'ordre quantitatif (le développement ne consiste pas seulement en une multiplication de la quantité de départ, mais aussi en une augmentation de la qualité, de l'intensité, en un approfondissement, une diversification...), permet donc de penser une augmentation, un progrès, un plus qui est finalisé – et dont la base est plus large que le capital. Il est porteur de la double ambition des Lumières : développer les facultés de l'homme ; garantir le caractère diversifié de ce développement, qui seul permettra de donner une idée suffisamment complète de « l'homme ».

L'idée de développement des facultés – physiques, morales, civiles, politiques, économiques... – permet de penser un développement pluriel par le moyen d'une « culture » au sens ancien du terme *(cultura animi)*, d'un approfondissement, d'une perpétuelle formation de celles-ci, en même temps qu'elle permet de répondre aux « aspirations » ou aux désirs pluriels des hommes. J'entends par là le fait que nos facultés et nos désirs ne sont pas épuisés et satisfaits par la seule production ou consommation, que l'on doit prendre en compte les autres désirs, de paix, de beauté, de relations denses, de jeu, de parole, de participation...

Il nous faut donc penser un développement, non pas sous le concept vide et purement opératoire de mondialisation, mais bien plutôt sous celui de civilisation, et le penser comme une démarche consistant à civiliser l'existant – qu'il s'agisse de relations sociales, de rapports économiques ou de rapports politiques – et à accroître la richesse générale (qui n'est pas purement quantitative, mais dépend évidemment aussi de la qualité des rapports civils, civilisés), et dont la base, le patrimoine de départ doit être considéré bien plus largement que lorsque nous utilisons les comptabilités d'entreprise ou les comptabilités nationales.

Cette conception – qui pourrait théoriquement faire l'objet d'un consensus – trouve peu d'écho à l'heure actuelle, comme si l'on s'était accordé (ou résigné) sur l'idée qu'il incombe désormais au capitalisme de remplacer ou de porter avec soi (comme conséquence immédiate ou à plus long terme) la civilisation, comme si le capitalisme avait hérité de la tâche de civilisation. Seule la série des récents *Rapports mon-*

diaux sur le développement humain du PNUD semble encore défendre cette idée. Je rappelle les lignes-forces de l'introduction du rapport 1996 – particulièrement éloquent –, intitulée : « La croissance au service du développement humain ? ». « Le développement humain, peut-on y lire, est une fin dont la croissance économique est le moyen. La croissance économique doit donc avoir pour finalité d'enrichir la vie des personnes, ce qui est bien trop rarement le cas. Les dernières décennies montrent on ne peut plus clairement qu'il n'existe pas automatiquement de lien entre croissance économique et développement humain... Le rapport conclut que l'entrée dans le XXIe siècle nécessitera globalement une accélération et non un ralentissement de la croissance. Dans le même temps, il importe de consacrer davantage d'attention à la qualité de cette croissance, afin de s'assurer qu'elle accompagne les objectifs que sont le développement humain, la réduction de la pauvreté, la protection de l'environnement et la viabilité à long terme du développement [1]. »

Croissance et développement humain

Plusieurs éléments me paraissent extrêmement importants dans ce rapport qui a été bien vite

1. PNUD, *Rapport mondial sur le développement humain*, 1996.

enterré, comme les autres. D'abord, il ne s'agit pas d'une proposition révolutionnaire : orienter la croissance pour qu'elle serve le développement humain, prêter attention à sa qualité et faire en sorte qu'au lieu de détruire les sociétés et les équilibres auxquels un certain nombre sont parvenus, de provoquer une pauvreté croissante, des dégâts environnementaux irréparables et le pillage des ressources actuelles, la croissance s'accompagne au contraire d'une résorption de la pauvreté, d'un surcroît d'égalité et de progrès dans plusieurs domaines, semble de bon sens.

Ensuite, ce rapport remet fermement la croissance à sa place : la croissance doit être un moyen mis au service d'une fin. On ne peut la vouloir pour elle seule, en tant que telle, comme si elle était bonne par nature. « Depuis de longues années, la croissance est le principal objectif économique des décideurs – et des dirigeants politiques –, car ils sont intimement persuadés que c'est en mettant à la disposition des individus une quantité toujours plus grande de biens et de services que l'on améliorera leur qualité de vie. De plus, la croissance est souvent considérée comme la solution à d'autres problèmes. [...] Mais ces certitudes sont de plus en plus remises en question, et la tendance à se fixer sur le volume de la croissance de plus en plus critiquée. Parmi les détracteurs de ce dogme, on recense non seulement les défenseurs de l'environnement, mais aussi tous ceux qui, voyant que leur qualité de vie se dégrade, prennent conscience que la croissance n'est pas la panacée. L'abondance n'empêche pas la qualité de vie des individus d'être médiocre[1]. » Le chapitre du rapport de 1996, intitulé « La croissance au service du développement humain », est consacré aux rapports entre croissance et développement humain : il s'arrête longuement sur les réflexions d'Amartya Sen et développe des idées assez proches de celles qui avaient été portées assez loin en France dans les années soixante-dix, mais n'avaient pas abouti. Ce qui est dit de la promotion des capacités ou potentialités humaines est particulièrement suggestif : « Les biens ne doivent pas être valorisés intrinsèquement, mais considérés comme les instruments de la réalisation de certaines potentialités telles que la santé, la connaissance, l'estime de soi et l'aptitude à participer activement à la vie de la communauté[2]. »

La croissance peut s'accompagner du développement de maux sociaux en comparaison desquels l'absence de croissance serait préférable. C'est en quelque sorte le constat auquel aboutissaient les auteurs de l'ouvrage *Le Piège de la mondialisation*, et aussi, de manière plus scientifique, un économiste français (enfin !) : « Dans le siècle à venir, deux dixièmes de la population active suffiraient à

1. *Op. cit.*, p. 48.
2. *Op. cit.*, p. 48 à 73.

maintenir l'activité économique mondiale [1] », soutenaient les premiers ; « Un fonctionnement, même optimal, d'une économie de marché, fût-elle la plus riche, ne garantit pas la survie de l'ensemble de la population [2] », indiquait le second. Si la croissance à tout prix doit se payer durablement d'une extension du chômage, de la pauvreté et de la précarisation des conditions de vie pour une partie de plus en plus grande de la population, nous ne voulons pas de la croissance à tout prix. La croissance, mais aussi le capitalisme et le marché doivent être des instruments mis au moyen de fins qui les dépassent infiniment.

On sait qu'il n'en est rien pour l'instant et qu'aujourd'hui les politiques de libéralisation tous azimuts des différents marchés se sont soldées par des inégalités croissantes non seulement entre pays, mais également au sein même de ces pays. Le rapport appelle ce processus « la croissance sans égards » : on désigne par là ce qui se passe lorsque les fruits de la croissance économique vont avant tout à la frange la plus riche de la société, laissant des millions d'individus se débattre dans la pauvreté. Mais est également dénoncée la croissance sans création d'emplois, sans droit à la parole, sans racines culturelles, sans avenir. Le rapport est clair : un

1. *Le Piège de la mondialisation, op. cit.*, p. 12.
2. J.-P. Fitoussi, « L'Idéologie du monde », *Le Monde*, mercredi 8 juillet 1998.

développement qui perpétuerait les inégalités d'aujourd'hui ne serait pas durable et ne mériterait pas que l'on s'efforce de le faire durer. C'est désormais la qualité de la croissance que nous devons privilégier, en répondant aux questions suivantes : « La croissance, sous la forme qu'elle revêt, accroît-elle la sécurité, la liberté et le contrôle qu'ont les personnes sur leur destinée ? Favorise-t-elle l'équité, aujourd'hui et entre les générations ? Est-elle respectueuse de la nature et de ses fonctions essentielles à la vie ? Est-elle susceptible de se traduire par une plus grande cohésion sociale et par une plus étroite coopération entre les individus ou engendre-t-elle des conflits et la désagrégation de la société [1] ? »

Mais la troisième raison pour laquelle ces rapports me semblent importants, c'est l'effort extrêmement approfondi qu'ils consentent pour tenter d'aller plus loin que ces principes sur lesquels, je le répète, nous devrions pouvoir nous accorder. Car il faut bien concevoir la difficulté, et nous l'avons rencontrée tout au long de cet ouvrage : autant il est facile, à partir d'un champ bien circonscrit et d'une définition très restrictive de la richesse comme somme des valeurs ajoutées créées par les entreprises – à quoi on rajoute artificiellement les dépenses publiques –, de calculer un PIB comme de déterminer un capital de départ dont on va surveiller les fruits, ou de mesurer

1. PNUD, 1996, *op. cit.*, p. 48.

des flux de richesse engendrés par des stocks de capital déterminés, autant nous ne savons ni raisonner en termes de « coûts cachés » ou coûts globaux – donc d'efficacité d'une opération dans sa globalité, tous coûts compris (y compris l'annihilation de ressources prétendument gratuites, de mise au rebut d'investissements matériels, de compétences, de coût humain) – ni surtout en termes qualitatifs et multidimensionnels.

Quel est le capital dont le développement nous importe ?

D'abord, quel est le périmètre à prendre en compte : quel est l'agrégat dont nous devrions mesurer l'augmentation ou la diminution ? Doit-on considérer l'ensemble du capital foncier, mobilier et immobilier, mais également l'éducation, la santé, les droits sociaux, le développement politique pour mesurer sa progression ? Comment mesure-t-on le progrès civil, moral ou politique ? Comment évalue-t-on ce « capital » de base ? Faut-il donner un prix à tout ? Doit-on construire une énorme matrice qui recenserait et évaluerait l'ensemble des richesses naturelles (eau, air, paysages, lacs, forêts), les traduirait en prix de marché et suivrait scrupuleusement leur évolution ? Ce prix doit-il venir d'une comparaison avec le marché (prix de marché existants pour des « produits » voisins), ou utiliser une méthode de taux d'actualisation ? Questions certes traitées par quelques spécialistes en France, mais somme toute peu approfondies et, faut-il le dire, peu encouragées. À ne rien faire pourtant, à prendre le parti de Malthus, qui s'écriait que, bien sûr, tout cela ne valait pas l'œuvre de Shakespeare et que celle-ci n'avait pas de prix, mais une valeur incalculable, on retombe dans les ornières bien connues qui nous font nous concentrer sur le seul mesurable et le seul quantifiable et considérer le reste comme une danseuse, dont le développement lui-même sera conditionné par l'augmentation de ce qui est quantifiable. Or, de cela, qui est faux, nous ne pouvons pas nous contenter.

La raison, donc, pour laquelle ces rapports me semblent importants, c'est qu'ils développent un type de méthode qui constitue un mode de traitement de la question. Cette méthode est celle, bien connue par ailleurs, des indicateurs. Plus précisément, le rapport propose un indicateur composite du développement humain, qui résulte de la prise en considération de plusieurs indicateurs, chacun de ceux-ci se référant à un domaine considéré comme une composante essentielle du développement humain. Cet indicateur est calculé depuis 1990 et « mesure le niveau des potentialités humaines élémentaires sous trois angles cruciaux : possibilité de vivre longtemps et en bonne santé, d'acquérir des connaissances et d'avoir un niveau de vie convenable ». Trois variables sont donc retenues pour illustrer ces trois aspects : l'espérance de vie, le niveau d'instruction et le revenu. La valeur de l'indicateur pour chaque domaine et chaque pays est rapportée à un état « parfait » : une durée de vie moyenne de 85 ans, l'accès à l'éducation pour tous et un niveau de vie correct. Depuis 1995, trois autres indicateurs ont été élaborés. L'indicateur sexospécifique du développement humain examine les mêmes potentialités élémentaires que l'IDH, mais opère une correction en fonction de l'inégalité entre les sexes. À côté de cette inflexion des trois composants élémentaires, un autre indicateur mesure l'inégalité entre les sexes sur le plan de la participation et de la prise de décisions dans les secteurs économiques et politiques clés (IPF, indicateur de la participation des femmes). Enfin, en 1998, a été ajouté un indicateur de pauvreté dans les pays riches.

Par ailleurs, le rapport analyse un certain nombre de « domaines » pour en dresser un court bilan : il s'agit de la santé, du logement, de l'éducation, du revenu, de la scolarisation des femmes, de la mortalité infantile, de l'environnement, des conflits et des déroulements d'élections, de la répartition des revenus, de la participation à la vie politique, de la sécurité humaine (« On entend par sécurité humaine, d'une part, la soustraction à ces menaces chroniques que sont la faim, la maladie et la répression, et, d'autre part, la protection contre des bouleversements soudains et traumatisants de la vie quotidienne domestique, professionnelle ou communautaire »), dans laquelle sont examinés la criminalité, les accidents et la violence. On y apprend par exemple qu'aux États-Unis deux millions de personnes sont victimes de crimes avec violences chaque année)...

Pourquoi cette méthode est-elle éminemment stimulante ? Parce que si l'on est persuadé que la richesse d'une société déborde infiniment l'image qu'en donne le PIB, donc que le PIB en donne une image fausse – puisque cette représentation ne prend pas en compte les effets négatifs des flux de richesse qu'elle recense, ni la répartition de celle-ci, mais surtout parce qu'une société riche, nous l'avons dit, est, entre autres choses, une société où l'éducation est largement répandue, la santé largement accessible, la violence canalisée, l'environnement préservé, les inégalités peu nombreuses, la participation démocratique intense, et l'égalité homme-femme une réalité... –, alors nous sommes obligés, lorsque nous faisons, chaque année, le bilan de cette richesse, de considérer simultanément l'ensemble de ces éléments, sans penser que ceux qui ne ressortissent pas directement à la croissance n'ont pas d'intérêt ni que la croissance les amènera nécessairement avec soi.

Car c'est évidemment dans cette conception étriquée et faussée de la richesse, sur laquelle sont braqués tous les regards et qui est l'objet de tous les commentaires, de tous les discours et de toutes les idéologies, qu'il faut voir la source d'une partie de nos maux, au premier rang desquels la coupure entre l'économique et le social, maintes fois dénoncée, mais jamais véritablement traitée. Tant que nous continuerons à utiliser cette représentation de la richesse de la société, tant que nous ferons comme si la richesse n'était que l'addition des valeurs ajoutées et, accessoirement – car nous ne nous sommes pas donné les moyens de vraiment penser cela –, des dépenses publiques, nous continuerons à croire, selon l'antienne trop bien connue, que ce sont « les seules entreprises qui créent de la richesse », richesse ensuite gracieusement redistribuée au social, au culturel, à l'emploi... C'est à la source de ce malentendu que nous devons remonter. Sans croire évidemment que nos instruments ou nos représentations déterminent totalement la réalité, nous devons cependant nous attacher à transformer en profondeur nos représentations.

Polémiques sur la mesure de la richesse

Car il en va du PIB comme de l'économie : pour l'un et l'autre, tout le monde est toujours prêt à reconnaître qu'évidemment le PIB ne représente pas très bien la richesse de la société, qu'il s'agit là d'une simplification, que, bien sûr, l'économie ne dit rien de normatif – elle ne fait que présenter les résultats de calculs –, et que ce sont les hommes politiques, les journalistes, l'opinion publique qui utilisent à mauvais escient les informations données par le PIB et les économistes, en les transformant pour les uns en indicateurs, pour les autres en Pythie sévère. Dès lors, puisqu'une représentation, même fausse, parvient à déterminer en profondeur les comportements, mieux vaut en changer. Et c'est là que le rapport sur le développement mondial est important : il propose une solution, il permet une alternative. Il ne transforme pas tout en prix ou en comptes de patrimoines géants dont la construction occuperait, si on les réalisait, une partie importante de la population active ; mais, ayant posé comme principe le caractère multidimensionnel du développement, il élit un certain nombre de domaines qui lui semblent être des composantes essentielles de celui-ci, en déduit des indicateurs somme toute assez simples et s'astreint à les présenter tous ensemble pour donner une autre image, une autre représentation d'une société donnée.

À titre d'exemple, considérons les résultats de cette opération, et en particulier les pays qui se détachent lorsqu'on applique l'indicateur sexospécifique du développement humain ou l'indicateur de pauvreté dans les pays riches : dans les deux cas, on retrouve trois pays en tête, le Canada, la Suède et la Norvège, classement qui recoupe parfaitement les intuitions que l'on pouvait avoir avant même son application. Quelle conclusion en tirer ? Non pas que ces trois pays sont « les plus forts », mais que, une fois prises en compte toutes les dimensions du développement, ces trois pays sont ceux où, à la fois, le revenu moyen est élevé, les inégalités faibles, les richesses bien distribuées, les accès aux services publics égalitaires... Concluons donc que les objectifs des politiques publiques des diverses sociétés doivent sans doute être plus pluriels, moins monomaniaques qu'à l'heure actuelle, et plus généralement qu'il faut disposer de plusieurs indicateurs ou d'indicateurs synthétiques pour être certain que l'on n'est pas victime d'une illusion d'optique lorsqu'on chante les louanges d'un pays en n'ayant considéré qu'un seul de ces indicateurs. Plus concrètement, ces résultats nous invitent tout simplement à relativiser la place du PIB et du taux de croissance dans l'évaluation de la richesse ou de la réussite de certains pays, et par exemple à ne pas s'appuyer sur le seul taux de croissance ou taux de chômage des États-Unis pour modeler nos politiques sur le modèle de ce pays.

Certes, cette méthode n'est pas parfaite : on peut discuter sur l'idée que vivre jusqu'à quatre vingt-cinq ans est un objectif essentiel du développement humain, on peut plus vraisemblablement se dire que cette notion de développement humain est beaucoup trop complexe pour être enfermée dans quelque indicateur que ce soit, mais que si on voulait en retenir davantage, on ne saurait plus où s'arrêter. On peut aussi se demander qui a élu ces domaines, et à qui il revient de les élire. On peut également penser que les discussions autour de ces questions risquent d'être bien trop oiseuses, et qu'il vaut mieux s'en tenir à notre bon vieil indicateur de richesse, qui, lui, est totalement neutre. On peut enfin se dire qu'un changement d'indicateurs ne modifiera pas la situation réelle, c'est-à-dire le fait que des multinationales surpuissantes continueront à obtenir la libéralisation de marchés de plus en plus nombreux, et que la représentation des dégâts engendrés par ce processus n'empêchera pas son caractère inéluctable. Pour finir, peut-être dira-t-on qu'il nous faut des actes et non des représentations (c'est la fameuse critique qui consiste à dire que lorsqu'on ne sait pas agir sur le réel, on réfléchit sur le thermomètre, sur l'instrument de représentation du réel).

Pour les raisons susdites, je pense pourtant qu'un changement dans les représentations peut entraîner ou du moins accompagner de profondes modifications des comportements et des politiques : car un tel changement a pour conséquence d'entraîner un effet de « visibilité » qui ne peut, me semble-t-il, que soutenir – si tant est bien sûr que l'on en ait la volonté – la mise en œuvre d'autres politiques. Certaines politiques n'ont d'ailleurs rien à voir avec la croissance ou la vie des entreprises : considérer qu'un des aspects importants du développement humain consiste dans la promotion acharnée de l'égalité (égalité des sexes, égalité dans l'accès aux soins, égalité dans l'accès à l'éducation et certainement aussi dans l'accès à la culture, au temps libre, à la participation politique) est une question de « société », pas de moyens. Le fait d'affirmer ou d'afficher que la poursuite sans relâche de l'égalité dans ces différents domaines est partie intégrante de la richesse d'une société aurait un effet symbolique extrêmement fort. Et l'on ne peut douter que cela aurait des effets immédiats.

Je militerais plutôt, quant à moi, pour une extension de cette batterie d'indicateurs, c'est-à-dire pour la prise en compte de domaines plus nombreux, comme la violence (qui peut se mesurer assez aisément), la participation démocratique, la dispersion des revenus et des patrimoines, la qualité des services publics, le logement (le nombre de personnes pas ou mal logées), l'environnement et les temps consacrés aux transports. Tout cela mériterait évidemment discussion, non seulement sur le fond (quels domaines élire), mais aussi sur la méthode (quels indicateurs pour représenter l'évolution d'un domaine). Mais il s'agit là, me semble-t-il, d'une voie extrêmement prometteuse, qui renoue avec la volonté de réaliser des indicateurs sociaux qui s'était fortement manifestée pendant les années soixante-dix.

Le plus important dans tout cela me paraît évidemment être la relativisation du PIB et de son taux de croissance comme indicateur significatif de la richesse d'une société, fondée sur l'idée très importante, largement démontrée et illustrée par les rapports cités, que nous devons poursuivre le bien-être des populations, qui ne se réduit ni à un taux de croissance ni plus généralement à des considérations exclusivement monétaires. Là encore, c'est la notion de qualité de vie, individuelle et sociale qui importe, synonyme de bien-être, dont rétrospectivement on peut voir que l'économie du bien-être a donné une image singulièrement réduite.

Cette question de la mesure de la richesse n'est pas nouvelle. La Banque mondiale expérimenterait d'ailleurs actuellement un nouvel instrument de mesure, dont le rapport du PNUD fait une présentation synthétique : il s'agit, alors que les économistes se sont longtemps « contentés » de considérer le seul capital physique (les actifs productifs) des pays, d'y ajouter le capital naturel (qui représenterait 20 % des richesses) et le capital humain (qui représenterait quant à lui 64 % de ces mêmes richesses), le capital physique se voyant ainsi subitement ramené à la portion congrue (16 %). Avec cette nouvelle méthode, les pays très développés apparaissent particulièrement riches de capital humain, puisque celui-ci peut représenter jusqu'à 80 % de la richesse de certains pays (Suisse, Japon, Allemagne). Le PNUD fait à ce nouvel indicateur le reproche de n'envisager que la valeur monétaire des différents éléments, et ajoute surtout qu'« une assimilation du bien-être de la population à la valeur monétaire de son capital risque de constituer la même erreur qu'une assimilation du revenu au développement humain. La richesse productive doit, ajoutent les auteurs, être convertie en richesse humaine, favorisant les potentialités des individus de mener une vie saine et satisfaisante, avec un bon niveau de nutrition et d'éducation ». Ces critiques paraissent extrêmement fondées.

Ces propositions fort suggestives du PNUD ont pourtant fait l'objet de récentes attaques contestant l'utilité même de telles approches. Dans un article sobrement intitulé : « Les indicateurs synthétiques de développement[1] », un ancien directeur du département économique de la Banque mondiale dénonce toute tentative de ce genre. Reconnaissant que le classement des pays selon le PIB se limite à un seul aspect de la vie matérielle et qu'il est en effet tentant d'élaborer un indicateur unique de prééminence, de bonheur ou tout simplement de développement, Jean Baneth veut cependant démontrer que le désavantage des indicateurs synthétiques est de « cacher les choix du présentateur, et de cacher même qu'il y a eu choix [...], qu'un indicateur universel n'a strictement aucun sens et que même des indicateurs partiels élaborés à partir de la valeur pon-

1. J. Baneth, « Les indicateurs de développement », in *Futuribles*, mai 1998, p. 9.

dérée de diverses statistiques n'ont pas pour effet d'améliorer la compréhension de réalités complexes, mais plutôt de les occulter, et même de les déguiser ».

La démonstration de Baneth est peu convaincante : on commence à nous dire « qu'il ne s'agit pas de savoir si le PIB seul peut donner une mesure satisfaisante du degré de développement – il ne le peut pas » ! Quels sont alors les arguments de notre auteur ? Il commence par une critique méthodologique. Le PIB de chaque pays serait « corrigé » de telle sorte que ne subsisteraient presque plus de différences entre les pays riches. Ensuite, si l'auteur ne trouve rien à redire au choix de l'espérance de vie comme l'un des composants essentiels de l'indicateur, il critique en revanche le taux d'alphabétisation, qui manquerait de précision et de fiabilité. Il propose de le rendre dégressif, c'est-à-dire d'élargir l'éventail des différences entre pays riches et de mieux mettre en évidence les graves problèmes d'alphabétisation qui peuvent exister dans les pays riches. Ce taux prenant en compte le taux de scolarisation brut, on nous indique que la France doit son fort taux à ses jardins d'enfants et que l'indicateur d'éducation ne tient aucun compte des résultats scolaires ni des qualités de l'enseignement. Ces critiques sont bien connues de tous ceux qui travaillent à l'évaluation des politiques publiques et cherchent les indicateurs les plus fins. Il est évident que les

« inventeurs » de l'indicateur composite les connaissaient.

L'auteur passe ensuite à la critique de l'indicateur de pauvreté, en employant toujours l'argument selon lequel il existe, pour caractériser un domaine, de multiples indicateurs possibles et que tout varie selon celui que l'on choisit. Jusque-là, on ne voit pas très bien en quoi la critique est forte et remet en cause un seul instant la pertinence de la tentative du PNUD. Nous sommes tous prêts à reconnaître que la conception d'un indicateur reflétant le plus exactement la réalité est particulièrement difficile et demande des tâtonnements. Comment évaluer une politique de l'emploi : au nombre de bénéficiaires qu'elle touche, aux sommes dépensées, aux chômeurs évités, aux emplois créés, le tout défalqué ou non des effets d'aubaine, au coût pour la collectivité... ? Cela fait vingt ans que la France affine ses indicateurs d'évaluation des politiques publiques. On ne voit pas pourquoi le PNUD arriverait du premier coup à évaluer quelque chose de beaucoup plus complexe. Les critiques de Baneth m'apparaissent au contraire comme des inflexions ou des suggestions à prendre en compte dans l'affinement des indicateurs. Car rien, dans ce raisonnement, ne me semble remettre en question la nécessité de laquelle il procède.

En revanche, l'auteur se montre parfois de mauvaise foi : ainsi de son analyse de l'indicateur sexospécifique de développement humain qui relit les trois indicateurs de base à la lumière des inégalités de sexe. L'auteur critique le fait que pour une valeur donnée de l'indicateur pour la population entière, sans distinction de sexe, la valeur maximale de l'indicateur sexospécifique soit atteinte si la valeur est identique pour les deux sexes. Ce qui paraît tout à fait raisonnable. Mais l'auteur indique que cette formule est « évidemment arbitraire, et d'autres formules donneraient des poids plus ou moins grands aux inégalités ». On lit aussi des raisonnements de ce genre : « La discrimination est effectivement mauvaise en soi et il ne serait pas inutile qu'elle affecte négativement un indice de développement (si un tel indice se révélait utile). [...] Les discriminations sexuelles correspondent à une réalité particulière ; et, certes, on n'a pas besoin d'être féministe acharné pour penser qu'un taux d'analphabétisme de 50 % est pire si chaque homme sait lire et aucune femme. Mais chaque façon particulière d'abaisser une note en fonction des inégalités reflète une préférence personnelle ; et la définition même de ce qui constitue une inégalité ne va pas de soi en certains domaines : quels sont le poids, la taille ou la longévité normaux des deux sexes, quelles sont les différences naturelles et quelles sont celles qui reflètent une discrimination ? »

Ces critiques se réduisent en réalité au fait que l'indicateur ne doit pas refléter le choix d'un seul, mais bien plutôt un choix collectif. Mais où est l'obstacle ? Personne ne nous empêche de décider collectivement des domaines qui nous semblent être les constituants essentiels et nécessaires de la richesse sociale, les facteurs fondamentaux du bien-être d'une société donnée, pas plus qu'on ne peut nous empêcher de réunir des commissions adéquates pour mettre en place les indicateurs les mieux à même de rendre compte des évolutions de chacun de ces domaines : c'est bien par exemple ce que les différents pays européens viennent de faire pour les politiques de lutte contre le chômage. Tout cela dépend donc d'un choix purement politique, et l'argument qui consiste à dire qu'un indicateur n'est pas recevable parce qu'il reflète le choix d'un seul ne peut pas, dans cette mesure, lui-même être reçu. Baneth semble dire en fait qu'une seule personne, Mahbub ul Haq, un des responsables de la rédaction du rapport, est à l'origine de ce qu'il considère comme un délire. L'ensemble des travaux et des lectures cités dans le rapport peuvent en faire douter...

L'article se termine par une remise en cause de l'indicateur de pauvreté humaine explicité par le rapport 1997 du PNUD. Baneth reproche au PNUD d'avoir fait le choix, pour cerner le phénomène et l'ampleur de la pauvreté dans les différents pays, d'un indicateur de pauvreté relative plutôt que de pauvreté absolue. Selon notre auteur, cette approche relative, dans laquelle le seuil de pauvreté est défini comme le revenu égal à la moitié du revenu médian après impôts – et qui accessoirement met en évidence que la distribution du revenu est devenue de plus en plus inégalitaire depuis vingt ans, surtout aux États-Unis et en Grande-Bretagne –, est insuffisante : « Cette définition de la pauvreté est entièrement déterminée par la distribution des revenus. Les revenus réels des plus pauvres auraient eu beau tripler, si ceux des riches augmentaient un peu plus, la pauvreté relative aurait augmenté : on sent bien ce qu'une telle définition a d'insatisfaisant et qu'elle peut être particulièrement trompeuse dans les discours où l'on omet d'insister sur le terme "relatif", voire même de définir la pauvreté. » D'abord, on ne voit pas très bien pour qui une telle « manipulation » pourrait être dangereuse. La mauvaise foi vient ici de ce que Baneth ne prend pas en compte le fait que de nombreux organismes très officiels des pays très développés, comme l'Insee, font aussi également appel à cette méthode et alimentent leurs calculs et leurs réflexions aux différents indicateurs existants, pour donner l'image la plus riche et la plus exacte possible de la réalité.

On recommandera à M. Baneth la stimulante lecture d'un triple numéro d'*Économie et statistique*[1], consacré à la mesure de la pauvreté, et qui s'ouvre précisément sur une critique de la notion de pau-

1. *Économie et statistique*, n° 308-309-310, 1997, p. 3 à 32.

vreté absolue. Celle-ci, qui continue d'inspirer les États-Unis dans la mise en place de politiques publiques destinées à lutter contre la pauvreté, semble en effet « inspirée par une approche trop sommaire des conditions de vie des populations pauvres ». Mais ce numéro met surtout l'accent sur une troisième manière de mesurer la pauvreté (outre l'approche absolue et l'approche relative), qui prend en compte la notion de minimum social, mais dans une optique relative, et qui consiste à considérer comme pauvre la fraction de la population qui souffre des conditions de vie les plus difficiles. Il s'agit de construire des scores composites par sommation d'éléments qui décrivent chacun une absence, un manque particulier dans le domaine des conditions de vie – du logement et de l'équipement à l'alimentation, de l'habillement aux vacances et aux loisirs, parfois aussi aux relations sociales, à la santé et aux conditions de travail. Dans tous les cas, les travaux les plus intéressants sur la pauvreté aujourd'hui tentent de concilier une approche « naturaliste » de la pauvreté et une approche beaucoup plus relative et « sociale » où la dimension subjective et la pression exercée par les tentations de la société de consommation sont mieux prises en compte.

Au terme de ce laborieux article, deux critiques émergent, et deux seulement : d'abord, le choix des indicateurs, de leur construction et de leur pondération serait arbitraire. Ensuite, on ne pourrait pas s'en remettre à un seul « super-indicateur ». Je crois avoir répondu à la première critique. J'ajoute cependant que, comme tous les critiques d'indicateurs un peu plus riches que le PIB, qui en reconnaissent le caractère infiniment réducteur, Baneth ne fait absolument aucune proposition qui pourrait constituer une voie alternative. On en reste donc au conservatisme le plus total. Quant à la question de la synthèse, de l'intérêt de compacter ces différents indicateurs pour n'en faire qu'un seul, on peut y répondre de deux façons : soit on adopte pour tous les pays les mêmes règles de méthode et de calcul de base, et il n'y a alors aucune raison pour que l'on ne puisse pas, avec d'infinies précautions, tenter des agrégations, en se munissant vis-à-vis de l'indicateur synthétique de la même prudence dont les économistes et les comptables nationaux nous répètent sans cesse que nous devons nous munir vis-à-vis du PIB ; soit l'on s'astreint dans toutes les comparaisons inter et intranationales à ne plus présenter que des batteries de quelques indicateurs, toujours liés, et jamais plus le seul PIB, de manière à pouvoir saisir immédiatement ce qu'il en est de la structure de richesse d'une société. Cela non plus ne me semble pas épouvantablement révolutionnaire.

Il est intéressant de remarquer que quelques travaux français, en particulier ceux de J. Gadrey, parviennent à ce genre de propositions en partant d'une tout autre inspiration. Au terme d'une analyse extrêmement intéressante du récent rapport Boskin consacré à l'indice des prix américain, Gadrey souligne la prédominance actuelle du « paradigme fordiste de la croissance, centré sur l'expansion quantitative des volumes de biens et services produits » et propose d'y substituer un paradigme de « l'évaluation du développement social et de la qualité de vie », où le contenu des indicateurs serait élargi en direction des conditions d'usage de la production et où « ils seraient conçus sur un mode pluraliste comme supports de débats contradictoires sur les préférences et les satisfactions [1] ».

Pour conclure sur ce point, il me semble que si nous voulons véritablement avancer dans l'idée que ce qui est désirable est une société civilisée, si nous voulons mettre en évidence les véritables progrès et les régressions des sociétés sous une pluralité de points de vue, si nous voulons vraiment mesurer la richesse et le bien-être créés, alors il nous faut patiemment mais opiniâtrement avancer dans cette voie-là. Il nous faut définir les domaines et les objectifs qui nous semblent des composantes essentielles du bien-être social, déterminer les indicateurs pertinents susceptibles d'en mesurer la progression et en faire non pas tant un instrument de comparaison

1. J. Gadrey, « Les incertitudes de l'indice des prix à la consommation : question de méthode ou question de paradigme ? », Congrès de l'AFSE, Paris, 18-19 septembre 1997.

internationale (même si cela relativiserait bien des propos) qu'un instrument de démocratie, de pilotage et de discussion interne à chacun des pays, à commencer par le nôtre.

Développement humain et capital humain

Nous avons vu que la Banque mondiale s'était attachée elle aussi, depuis quelque temps, à calculer un nouvel indicateur de richesse, soulignant la part prépondérante qu'occuperait « en réalité » le capital humain dans le capital total, en particulier dans les pays développés. Peut-on dès lors, à l'instar de la Banque mondiale, prendre comme base de calcul l'ensemble « capital physique + naturel + humain » ? La réponse doit être nuancée. Car, comme le fait remarquer à juste titre le *Rapport pour le développement humain*, dans l'expression « capital humain », ici considérée, comme dans l'expression « employabilité », le capital humain reste considéré comme un moyen en vue d'une fin, la croissance ou la productivité. De la même façon, la théorie de la croissance endogène, sur laquelle sont fondées ces tentatives d'élargissement de la notion classique de capital et de prise en compte des capacités humaines, continue de raisonner par rapport aux seules capacités productives des individus. Rappelons en effet que la théorie néoclassique de la croissance soutenait que celle-ci résulte de l'accumulation de capital physique et de l'accroissement de la main-d'œuvre, conjugués à un facteur exogène, le progrès technique, qui permet de démultiplier la productivité du capital et de la main-d'œuvre. Cette théorie ne parvenait pourtant pas à expliquer d'où venait l'accélération du fameux progrès technique.

C'est cette insuffisance que la théorie de la croissance endogène est venue combler : la productivité n'augmente pas sous l'effet d'un facteur exogène, mais de facteurs endogènes, liés au comportement des individus responsables de l'accumulation des facteurs de production et des connaissances. L'un de ces facteurs réside dans l'augmentation générale du capital humain, ou encore de la recherche développement, elle aussi en rapport avec l'augmentation du capital humain. L'éducation entraîne des externalités positives qui rejaillissent sur l'ensemble du processus de production. Les individus bien éduqués et bien formés, qui poursuivent des études plus longtemps, utilisent le capital de façon plus efficace, de telle sorte que la productivité de celui-ci s'accroît. Ils sont aussi plus aptes à innover, à imaginer des formes nouvelles de production, à communiquer, coopérer... Une hausse du niveau d'éducation entraîne un accroissement de l'efficacité de tous les facteurs de production.

Cette théorie est importante. Elle fonde l'insuffisance de l'indicateur PIB comme véritable indicateur de richesse et rend caduques les tentatives de s'en tenir au strict accroissement des actifs physiques et financiers pour rendre compte de la richesse à long terme d'un pays. Elle légitime de nouvelles comptabilités plus larges, plus immatérielles, ainsi que des politiques d'augmentation des dépenses de santé et d'éducation, qui permettent précisément d'augmenter en quantité, qualité et intensité ce capital humain. Mais elle en reste à une conception trop instrumentale et trop productiviste du développement, car elle fait, là encore, comme s'il fallait augmenter le capital humain dans le seul objectif de le rendre toujours plus productif et, derechef, d'augmenter la production marchande. Or il faut, si notre objectif est bien le développement humain, la poursuite de la civilisation, renverser entièrement la perspective et bien plutôt subordonner le développement économique, le développement des biens et services au développement humain lui-même, c'est-à-dire au développement de l'ensemble des facultés et des dispositions humaines, et pas seulement des capacités productives. C'est à cette condition que le développement acquiert un sens.

Nous suivons les auteurs du *Rapport 1996 pour le développement humain* lorsqu'ils reprennent la distinction spécifiquement kantienne entre fin et moyen : « Le développement des ressources humaines voit en l'être humain un simple moyen d'augmenter la production. *A contrario*, le développement humain considère l'individu comme une fin en soi, et envisage son bien-être comme l'unique et ultime objectif du développement [...]. Dans la théorie du développement des ressources humaines, l'individu devient le "capital humain", il n'est rien de plus qu'un intrant au même titre que le capital physique ou les ressources naturelles. Ainsi lorsque des gouvernements "investissent" par exemple dans la santé ou dans l'éducation, la valeur de cet investissement est jugée d'après son taux de rendement pour l'économie [...]. Les partisans du développement humain [...] se réjouissent des progrès dans le domaine de la santé ou de l'éducation, mais ces progrès ont à leurs yeux une valeur intrinsèque, qu'ils permettent ou non d'augmenter la production. Les potentialités humaines, telles que la santé ou les connaissances, sont plus que de simples moyens pour aboutir au bien-être de l'individu. Elles sont des composantes essentielles de ce bien-être [1]. »

On ne peut qu'être en profond accord avec cette manière de voir les choses, d'autant plus qu'elle permet de fonder radicalement, dans l'objectif même du bien-être des individus, la poursuite de politiques d'éducation ou de santé, au lieu de les inscrire dans la seule perspective de développement économique dont la théorie pourrait bien un jour nous démontrer qu'après tout il ne nécessite ni individus bien formés ni individus tout court. Il s'agit d'un objectif en soi, de valeur égale et même supérieure au développement

1. *Op. cit.*, p. 61.

économique. C'est aussi cette autonomie des différents objectifs du développement humain comme de la pluralité des conditions du bien-être qui doit nous rendre méfiants vis-à-vis du concept en vogue d'« employabilité ». S'il s'agit uniquement d'adapter sans cesse les individus aux évolutions erratiques du système de production, donc de ne les considérer que comme une matière toujours plus malléable et toujours mieux adaptée aux contraintes exigées par le système socioproductif, nous devons combattre l'extension de cette notion. Si, en revanche, elle ne concerne qu'un ou deux des objectifs que nous poursuivons, qui sont de développer la production, mais aussi de permettre aux personnes de s'intégrer toujours mieux dans le système productif, si ces deux objectifs-là sont poursuivis concurremment avec celui de donner à tout individu une éducation et une formation qui le rendent, en soi et sans autre considération, toujours plus éduqué, toujours plus autonome et susceptible de maîtriser le flux d'informations qui lui parvient et d'être un meilleur citoyen, alors cette notion peut être féconde.

Il est clair que ce qui importe dans cette démarche, dans laquelle pour ma part je m'inscris totalement, c'est la capacité à tenir plusieurs choses ensemble, à poursuivre simultanément plusieurs objectifs, à ne pas subordonner l'un de ces objectifs à l'autre. C'est la raison pour laquelle l'entreprise du *Rapport sur le développement humain* me paraît fondamentale : elle part de la diversité des potentialités humaines, des besoins et des désirs humains à satisfaire, elle les transforme en objectifs pluriels et en domaines multiples qu'elle prend en compte d'un seul regard, pour éviter qu'une réussite dans un domaine (un très gros PIB, par exemple) ne s'accompagne de phénomènes purement négatifs, comme une extension de la pauvreté, de l'insécurité, de l'analphabétisme et de l'inégalité des sexes. Elle vise, en d'autres termes, un développement équilibré de l'ensemble de la société, une augmentation du bien-être collectif et individuel, et non pas seulement du bien-être de quelques-uns.

Monomanie de la raison et caractère pluriel des valeurs

C'est en cela également, dans ce caractère pluriel des valeurs ou des objectifs à poursuivre s'agissant du développement humain ou de la civilisation, que ce rapport rejoint certaines intuitions fondamentales de l'École de Francfort et d'Adorno, de Horkheimer et de Habermas en particulier. Rapportée à un seul objectif, laissée à sa propre rationalité selon les moyens, la raison devient folle : c'est cela que nous disent ces auteurs. Tendue vers un seul objectif, la multiplication de la production et la recherche de l'efficacité à tout prix, devenue efficacité du seul moyen, totalement oublieuse des fins, la raison se perd, se mue en totalitarisme, s'oublie, dérive et se pervertit. Seul un développement raisonné, raisonnable, pluriel, orienté par des débats et des compromis entre différentes valeurs (et non différents corporatismes) peut lui permettre une évolution humaine. C'est d'ailleurs bien ce langage qu'emploient nos auteurs lorsqu'ils se demandent, par exemple au début de *La Dialectique de la raison* (qui se dit en allemand dialectique de l'*Aufklärung*), « pourquoi l'humanité, au lieu de s'engager dans des conditions vraiment humaines, sombrait dans une nouvelle forme de barbarie [1] ». La barbarie apparaît en même temps que l'unicité, lorsqu'un unique objectif, une unique valeur est érigée en veau d'or, lorsque celle-ci se transforme en monomanie.

La description apocalyptique de Horkheimer et Adorno fait inévitablement penser à celle des auteurs de l'ouvrage récent *Le Piège de la mondialisation*. Tout se passe comme si, soixante ans après, les descriptions de *La Dialectique de la raison* étaient plus que jamais d'actualité. La scène sur laquelle s'ouvre *Le Piège...*, où les grands de ce monde (entendez les chefs des entreprises mondiales) s'entretiennent doctement des principes de la nouvelle société (deux dixièmes de la population mondiale riches et productifs) et 80 % mis sous perfusion de pseudo-loisirs

1. M. Horkheimer, T. Adorno, *La Dialectique de la raison*, Gallimard, « Tel », 1983.

généralisés – le *tittytainment* (« Tittytainment, selon Brzezinski, est une combinaison des mots *entertainment* et *tits*, le terme d'argot américain pour désigner les seins. Brzezinski pense moins au sexe, en l'occurrence, qu'au lait qui coule de la poitrine d'une mère qui allaite. Un cocktail de divertissement abrutissant et d'alimentation suffisante permettrait selon lui de maintenir de bonne humeur la population frustrée de la planète [1] »), fait inévitablement penser au célèbre passage de l'introduction à la *Dialectique...* : « L'élévation du niveau de vie des classes inférieures, considérable sur le plan matériel et insignifiante sur le plan social, se reflète dans ce qu'on appelle hypocritement la diffusion de l'esprit [...]. Mais l'esprit ne peut survivre lorsqu'il est défini comme un bien culturel et distribué à des fins de consommation. La marée de l'information précise et d'amusements

---

1. *Le Piège...*, *op. cit.*, p. 13 : « Les managers débattent sobrement des dosages envisageables et se demandent comment le cinquième fortuné de la population pourra occuper le reste superflu des habitants de la planète. La pression accrue de la concurrence ne permettra pas de demander aux entreprises une participation à cet effort social. D'autres instances devront donc s'occuper des sans-emploi. Les participants à ce colloque comptent sur un autre secteur pour donner un sens à l'existence et garantir l'intégration : le bénévolat en faveur de la collectivité, les services de proximité, la participation aux activités sportives et aux associations de toute espèce. » « On pourrait valoriser ces activités en les couplant avec une rémunération modeste, ce qui aiderait des millions de citoyens à garder conscience de leur propre valeur », estime le professeur Roy.

domestiqués rend les hommes plus ingénieux en même temps qu'elle les abêtit [1]. »

De même que les descriptions de l'impuissance à laquelle est réduite aujourd'hui une majorité d'individus n'est pas sans rappeler l'analyse par Horkheimer et Adorno de la société « moderne », celle qui se rue vers la Seconde Guerre mondiale : « L'accroissement de la productivité économique, qui, d'une part, crée les conditions d'un monde meilleur, procure, d'autre part, à l'appareil technique et aux groupes sociaux qui en disposent une supériorité immense sur le reste de la population. L'individu est réduit à zéro par rapport aux puissances économiques. En même temps, celles-ci portent la domination de la société sur la nature à un niveau jamais connu [2]. »

La raison de la civilisation

Dès lors, plusieurs questions doivent être posées. D'abord, si vraiment la raison monomaniaque devient folle, qu'est-ce qui a déterminé cette « déviance » et sur quoi peut-on s'appuyer pour l'éviter, voire pour réparer les dégâts déjà commis ? Si vraiment c'est la raison elle-même qui a conduit à cette déchéance, si la raison est en elle-même autodestruc-

1. *Dialectique de la raison, op. cit.*
2. *Ibid.*, p. 17.

trice, qui nous dit qu'elle ne se perdra pas perpétuellement ? Quels sont les éléments, en elle, qui pourraient ouvrir une alternative ? Horkheimer et Adorno ont cerné la nature du problème, l'origine de l'autodestruction. C'est le moment où la raison s'est laissé aller à sa pure fonction de calcul, de logique formelle, c'est ce fameux moment où en même temps que le sujet se rétractait sur lui-même et sa profondeur, le monde était vidé de sa substance et rendu à la fois infiniment calculable et soumis à la volonté des hommes de se rendre « comme maîtres et possesseurs de la nature ».

Mais peut-on remonter le cours de l'Histoire, occulter ce moment et faire comme s'il n'avait pas existé ? Peut-on à nouveau rapprocher objet et sujet, renoncer à calculer, à dominer, à tout mettre sous la forme de la technique, peut-on éviter l'alliance du capitalisme et de la technologie ou faut-il laisser celle-ci se développer en faisant en sorte que l'homme soit épargné ? Paradoxalement, Horkheimer et Adorno ne disent que peu de chose sur la capacité de la raison à se ressaisir, sur ce que nous devons faire pour écrire une autre histoire, moins sanglante.

Si les transformations fondamentales sont advenues à la fin du XIXe siècle, si ce à quoi nous assistons n'est que la suite logique d'un ensemble d'événements et de décisions qui sont si profondément enracinés, comment pourrions-nous infléchir cette situation ? Quels principes pourront être assez forts pour porter une nouvelle orientation ? Sommes-nous enfermés à jamais dans le piège du capitalisme, de l'individualisme et du « travail libre » ? En sommes-nous vraiment réduits à une opposition binaire et statique entre individualisme libérateur et dissolvant, d'une part, et holisme pourvoyeur de totalitarisme, d'autre part ? Comment imaginer, peut-on imaginer une « troisième voie » (pour employer un terme désormais usé), et l'idée de civilisation peut-elle nous y aider ?

Il me semble que oui. Revenons sur ce terme de civilisation. Que signifie-t-il, que pourrait-il signifier pour nous aujourd'hui ? Je crois que la première signification que l'on peut lui donner est celle-ci : la civilisation, au sens d'un processus perpétuellement remis sur le métier, engagé, jamais achevé, consiste à se civiliser et à civiliser toujours plus les rapports économiques, politiques et sociaux. Tautologie, dira-t-on. Mais continuons. Je voudrais paradoxalement m'aider de Nietzsche pour penser ce processus : Nietzsche emploie plutôt le terme de « culture » pour expliciter cette manière qu'ont eue les hommes, au long de leur histoire, de s'approfondir, de se fouiller, de se pousser au-delà d'eux-mêmes, de se sculpter, de mettre au jour l'ensemble diversifié de leurs potentialités, de mettre de l'humain, de la forme dans le chaos. Si cette perspective est intéressante, bien qu'elle soit, chez Nietzsche, restreinte à l'individu et jamais étendue à la société – même si elle s'applique à des sociétés, des civilisations particulières –, c'est parce qu'elle reprend ce terme allemand de *Bildung* où je vois l'essence de la culture et de la civilisation. La mise en forme, l'imposition d'une forme harmonieuse, d'un équilibre à un chaos composé d'instincts, de pulsions, de conflits.

Qu'est-ce que se civiliser ? Devenir un sujet

On ne peut manquer ici de faire un rapprochement avec Freud. Freud développe une idée assez proche – bien que très différente : la civilisation, c'est ce processus humain, pour le coup totalement social, à travers lequel l'individu renonce à la satisfaction de ses instincts primaires pour rentrer et se maintenir en société. C'est le processus, infiniment douloureux chez Freud, par lequel l'individu devient un être social, et c'est là que Freud en appelle à de petites routines, de petites vocations qui seront le mieux à même de détourner cette souffrance, de l'éloigner, de la faire oublier, c'est là qu'apparaît le travail, la routine, l'occupation professionnelle : « En l'absence de prédisposition particulière prescrivant impérativement leur direction aux intérêts vitaux, écrit-il, le travail professionnel ordinaire, accessible à chacun, peut prendre la place qui lui est assignée par le sage conseil de Voltaire. [...] Aucune autre technique pour conduire sa vie ne lie aussi solidement l'individu à la réalité que l'accent mis sur le travail qui l'insère sûrement tout au moins dans un morceau de la réalité, la communauté humaine [1]. »

Ce qui m'intéresse chez Nietzsche, plus d'ailleurs que chez Freud, c'est la mise en évidence de la manière dont on devient un sujet : même si Nietzsche se moque du sujet cartésien, même s'il passe son temps à dénoncer la fiction de ce sujet tout connaissant et tout transparent, la fiction d'un sujet réductible à la conscience de soi et du reste, même s'il promeut l'idée d'un éclatement fondamental du Moi, il n'en reste pas moins qu'il explique magnifiquement comment, à partir de ce chaos de pulsions, nous pouvons construire un sujet : non pas un sujet tout-puissant, non pas une transparence morale à soi-même, mais un sujet, c'est-à-dire un individu qui, à partir de ce fond, s'autorise à dire Je, peut dire Je, exprimer et revendiquer un point de vue, l'expliciter auprès des autres, se ressaisir, replonger au fond de soi-même, se mettre en forme.

Et je crois également que, contrairement à ce que l'on a retenu des enseignements de la psychanalyse, qu'il s'agisse de Freud ou de Lacan, c'est-à-dire l'idée que la psychanalyse aurait fait éclater le sujet et la possibilité même de celui-ci, l'objet véritable de la psychanalyse, le terme réel de la cure, est bien la constitution de soi comme sujet, c'est-à-dire comme individu

---

1. S. Freud, *Le Malaise dans la culture*, PUF, 1995, note 1, p. 23.

sachant son passé, ayant recollecté, relu, revécu, récupéré et accepté son passé, qui devient dès lors le fondement et la substance à partir de laquelle il peut dire Je.

Je prends ici le contre-pied d'une partie de la brillante analyse d'Alain Renaut dans *L'Ère de l'individu* : Renaut soutient en effet qu'avec Hegel, puis Nietzsche, on assiste à l'assomption de l'individualisme absolu, qui est d'une certaine manière le contraire de l'assomption du sujet. Je ne partage pas ce point de vue, mais ce désaccord n'entache en rien la pertinence de la démonstration de Renaut, qui constitue pour ainsi dire le chaînon manquant de la mienne. Il me semble en effet qu'il est nécessaire de s'arrêter sur cette question du sujet et de l'individu. Il est clair que l'individualisme actuel, en particulier sous sa forme méthodologique, qui inspire l'économie et une partie des sciences sociales, est l'un des fondements du néolibéralisme et de ses dérives dont nous ne pourrons pas sérieusement sortir (sauf à recourir à la violence) à moins de régler définitivement son compte à cette fiction désormais trop encombrante. J'ai indiqué plus haut, mais également dans *Le Travail...*, combien les thèses de Dumont avaient « encombré » la progression de la pensée française. Tout se passe comme si nous avions opté pour l'immobilisme : l'individualisme nous ayant apporté de tels progrès, ce serait se jeter dans les bras du tyran que d'envisager un seul instant qu'il puisse se mêler à du collectif. Tout dépassement serait une régression, et toute volonté de revenir à plus de politique, un naufrage dans le holisme.

Sortir de l'individualisme : où il est montré que l'individu n'est pas le sujet

Renaut démontre que Dumont a confondu, tout au long de son histoire de l'avènement de l'individu, l'individu et le sujet : ce que Dumont met au crédit de l'individu (par exemple l'autonomie, la faculté de se donner une règle à soi-même ou de reconnaître la légitimité d'une règle issue d'un collectif) est une caractéristique du sujet, et non de l'individu. La pensée de l'individu, elle, se borne à bégayer d'admiration devant la totale différence et la totale indépendance de l'individu, sur lesquelles se fonderont les pensées économiques jusqu'au célèbre théorème d'Arrow. Autrement dit encore, Dumont prétend montrer que l'avènement de l'individu, c'est-à-dire de l'être « indépendant, autonome et par suite essentiellement non social », s'est accompagné de la dissolution des anciennes tutelles, de l'autorité et du principe hiérarchique ainsi que de l'élection du contrat passé entre des individus libres et égaux comme mode principal de rapport entre les hommes. Dès lors, poursuit Dumont, on est passé de la domination des hommes sur les hommes à celle des hommes sur les choses, et l'individualisme nous est donc infiniment précieux : il est, d'une certaine manière, indépassable.

Mais, à travers sa précieuse archéologie de la notion d'individu, Renaut apporte quelques précisions qui rendent soudainement cette histoire beaucoup plus claire : l'individu, n'est pas cet « être indépendant, autonome et par suite essentiellement non social ». Il faut soigneusement reprendre les notions : ce qui caractérise l'individu, c'est en effet, certes, l'indépendance, mais pas nécessairement l'autonomie, qui est la capacité de se donner à soi-même une loi ou de l'accepter comme s'appliquant à soi. Et si l'individu, indépendant, est donc un être autosuffisant, et par là même jouissant d'une liberté sans règle (ce qui implique alors en effet que l'autre ne soit pas compris dans le concept d'être indépendant), il n'en va pas de même de l'être autonome, qui ne peut sans doute se comprendre que comme être profondément social : « Dans l'idéal d'autonomie, écrit Renaut, je reste dépendant de normes et de lois, à condition que je les accepte librement. C'est dire que la valorisation de l'autonomie, acceptant l'idée de loi ou de règle, peut parfaitement admettre le principe d'une limitation du Moi, par soumission à une loi commune. C'est dire aussi que la valeur de l'autonomie est constitutive de l'idée démocratique. »

On voit combien cela est important : car si l'individu n'est pas « l'être autonome et donc essentiellement non social », si, au contraire, l'individu se définit par l'entière indépendance et la liberté sans règles – donc sans doute par la non-socialité, mais pas par l'autonomie –, alors c'est bien plutôt vers l'avènement de l'être autonome que nous devons porter notre attention ; entendons par là les conditions d'apparition de l'être capable de se donner à lui-même des règles, donc d'être un sujet, mais aussi capable de délibérer, de se mettre à la place de l'autre, de se considérer comme une volonté particulière capable de prendre en compte les autres volontés particulières pour construire une règle, un bien commun, un principe du vivre-ensemble où une communauté se constitue elle aussi comme sujet. Dès lors, ce qui nous est infiniment précieux, ce n'est pas l'individu, l'être tout indépendant et non social qui nous empêcherait à tout jamais de pouvoir vouloir quelque chose ensemble, c'est au contraire le sujet, autonome, qui comprend l'autre immédiatement dans son concept, le considère à la fois comme un élément constitutif de soi et comme sa perspective indépassable. Nous pouvons donc vouloir, nous devons donc vouloir le bien commun, la détermination des règles démocratiques pour y parvenir, la délibération... sans que cela ouvre la porte au totalitarisme, bien au contraire. Nous pouvons construire une communauté politique, consciente qu'elle a un bien propre qui ne se confond pas avec celui de chaque individu et dont la construction n'est en aucune manière une négation de l'individu, mais bien au contraire son prolongement naturel, sa vocation, son actualisation.

Allons encore plus loin : Dumont voit presque une relation de causalité entre l'avènement de l'individu et les pensées du marché, ce qui rend évidemment délicate, après la bonté dont on a doté l'individu, la critique de ces dernières. Renaut raconte une autre histoire : celle de la naissance simultanée, et non causale, des pensées du marché et de celles de l'individu, mais en montrant que ce sont les pensées de l'individu qui l'emportent : fiction d'une entière indépendance et d'une absence de rapport aux autres, sur laquelle on ne peut construire un monde et des relations qu'en en appelant à de grossiers artifices, tels que la main invisible ou, ce qui revient au même, un Dieu providentiel. Dès lors, les pensées économiques de l'époque – et celles d'aujourd'hui – apparaissent brutalement pour ce qu'elles sont : d'absolues fictions à leur tour, de pures constructions de l'esprit qui ne parviennent pas à faire vivre ensemble les individus. Ainsi, l'ensemble des réflexions engagées à la même époque pour tenter de comprendre comment des sujets sont capables de vivre et de se donner des règles ensemble, les tentatives d'un Kant ou d'un Rousseau, par exemple (que Renaut qualifie d'anti-individualistes), qui à la fois reconnaissent pleinement le sujet et s'attachent à comprendre comment des sujets peuvent se donner à eux tous, en tant que communauté, des règles de vie acceptées par chacun, l'effort magnifique et désespéré de Rousseau pour comprendre comment, à partir de quelle interaction entre intimité du sujet et délibération collective se forme la volonté générale, toutes ces tentatives peuvent être reprises, actualisées et approfondies, car elles constituent notre véritable horizon.

L'horizon social du sujet

Dès lors, « la relation hommes/hommes n'est pas ce que la modernité, dans son intégralité, fait disparaître au profit d'une simple relation hommes/choses dont la primauté signifierait que l'homme, désormais, peut se penser sans penser sa relation à d'autres hommes au sein d'une communauté », et nous pouvons enfin échapper à ce dilemme de l'individu non social et de la communauté sacrificielle pour repenser pleinement la construction patiente et difficile, mais nécessaire, d'une communauté politique constituée de sujets capables de se donner à eux-mêmes leur loi. Enfin, nous pouvons sans doute repenser plus sereinement le rapport des hommes entre eux, mais également celui des hommes et de leur environnement. Car la pensée du sujet est ce qui nous permet de sortir d'une autre aporie, que ne résolvait pas explicitement l'École de Francfort. Souvenons-nous : la raison s'autodétruit depuis que les hommes ont voulu devenir « comme maîtres et possesseurs de la nature », depuis, disaient Horkheimer et Adorno, ou encore Heidegger, que l'homme s'est pensé comme un sujet tout-puissant face à la nature transformée en objet entièrement aménageable. La question que l'on pouvait se poser était donc la suivante : si vraiment la pensée du sujet aboutit à ce point, comment pouvons-nous à la fois garder le sujet et éviter ces dérives ?

Là encore, la réflexion de Renaut nous apporte une aide précieuse : si la pensée de l'individu, conçu comme pure ipséité et pure indépendance par rapport aux autres et au monde, ne nous permet pas de repenser les rapports de l'homme et du monde – sauf à faire intervenir un principe transcendant –, l'idée de sujet ne contient pas en elle la volonté de rendre la nature totalement transparente et calculable. Autrement dit, les pensées du sujet – et non de l'individu – portent en elles des ressources qui permettent de penser le sujet autrement que comme un pur dominateur-exploiteur du monde. Le sujet est celui qui donne des règles mais en respectant et en prenant en compte l'altérité, qui, au fond, lui demeure toujours opaque, et qu'il ne peut jamais véritablement transpercer et dominer de part en part.

C'est ce que Renaut voit à l'œuvre chez Leibniz, inventeur à la fois de l'individu et du sujet, pourvoyeur d'une pensée assez riche pour que l'on puisse ensuite insister davantage sur la transparence du sujet et de l'objet, ou au contraire sur la radicale inaccessibilité d'un moi et d'un monde constitués dans leur réalité la plus intime d'une « substance » dont nous ne viendrons jamais à bout. C'est évidemment pour cette raison que j'évoquais plus haut Freud et Nietzsche, qui reprendront précisément cette idée d'un sujet sans fond, ou fondamentalement inaccessible, à partir duquel peut néanmoins se constituer, me semble-t-il, plus difficilement, mais sans doute aussi plus pleinement que chez Descartes, un sujet.

Cette rapide plongée dans l'histoire du sujet et de l'individu nous apprend que, contrairement à tout ce qu'une certaine pensée française a voulu nous faire croire, l'affirmation du sujet – et non de l'individu – n'est pas contradictoire, bien au contraire, avec celle de l'appartenance nécessaire de celui-ci à une communauté, que l'affirmation de soi comme sujet non seulement n'est pas exclusive, mais au contraire réclame son inscription dans une communauté humaine ; mieux, que le fond de petites perceptions, d'inconscient, de chaos et de pulsions contradictoires en perpétuel conflit qui constitue le sujet individuel et la société rend non seulement possible, mais évident, le double « travail » sur soi, la double *Bildung* à accomplir toujours en même temps par les individus et par la société pour devenir des sujets autonomes, des individus et des totalités autoréflexives, capables de saisir leurs limites et de se donner, à chacun et tous ensemble, des règles.

Ce processus, qui consiste pour le sujet individuel et pour le sujet social à pouvoir faire retour sur soi, à prendre conscience, dans la limite de l'irréductible inconnaissable, des pulsions qui les traversent, du radicalement autre, de leur passé, de leur histoire, des limites apportées par les autres, cette démarche qui consiste à se reprendre, se reconnaître et s'accepter, à délibérer, définir des principes et déterminer ensemble des règles de vie, je crois que nous pouvons l'appeler civilisation. Civiliser s'applique dès lors, dans un même sens, à la société et à l'individu capable de devenir sujet, devenu autonome par la capacité à se reconnaître fini, limité mais libre, à l'individu se donnant des lois qui sont toujours d'abord des lois envers les autres, se formant aux rapports moraux, politiques, économiques, amoureux et amicaux qu'il a et aura avec les autres.

Si cela facilitait la compréhension, on pourrait dire que quelque chose en nous est disposé pour préparer l'accord avec l'autre, pour être toujours déjà compatible avec autrui, comme si toute loi que nous nous donnons et toute l'organisation de la loi que nous nous imposons consistait à mettre en place les catégories permettant la communication, la possibilité d'un accord avec l'autre. Ces catégories par lesquelles nous nous rendons toujours déjà commun à l'autre, ou du moins susceptible d'avoir une communauté avec lui, sont le produit du principe de réalité de Freud, autrement dit de ce que la société nous impose, et qui est inscrit en nous dès la plus tendre enfance. Ce qui expliquerait qu'entendu de cette manière l'acte de se civiliser soit parfois si douloureux puisqu'il consiste à accepter d'ores et déjà, et pour toujours, l'altérité comme composante essentielle de moi-même. Il en va donc ainsi de chaque sujet et du sujet social lui-même : il s'agit toujours de nous donner la forme d'une communauté consciente de ses limites qui se donne malgré tout, et précisément pour cela, des règles.

Se choisir, après délibération (avec soi-même ou avec les autres) des principes et en déduire des règles (pour soi-même et pour la vie avec les autres), voilà, me semble-t-il, en quoi consiste la civilisation, cet acte toujours recommencé : nous n'aurons jamais atteint la civilisation, mais nous devrons toujours la vouloir et la poursuivre.

Poursuivre la civilisation, aujourd'hui, ce serait donc, pour chaque société, permettre à chacun des sujets-citoyens potentiels qui la composent de devenir de véritables sujets, en leur en donnant les moyens – ceux d'une véritable autonomie permettant d'exercer cette capacité à se donner une loi et à construire des règles avec les autres –, c'est-à-dire en mettant en place toutes les conditions nécessaires à l'exercice de cette vocation. Plus concrètement, cela implique de donner aux individus les moyens de participer aux différentes communautés – politique, éthique, esthétique – ainsi qu'à la construction quotidienne des règles du vivre-ensemble, et de repenser les rapports politiques, sociaux et économiques afin de les civiliser profondément, en exerçant en permanence cette liberté-là.

Plus concrètement encore, il s'agirait de repenser la place de l'économie et de la production dans notre société, les rapports sociaux induits par le capitalisme, les rapports entre l'entreprise et les travailleurs, ainsi que la fonction même de l'entreprise ; il faudrait également repenser la notion de participation démocratique, et cela dans la perspective de comprendre en quoi ces différents rapports permettent ou non aux individus, d'une part, de se constituer eux-mêmes comme sujets, moraux, politiques, c'est-à-dire d'être de véritables citoyens, travailleurs, producteurs, parents... et, d'autre part, de constituer une communauté de vie, une communauté politique poursuivant le progrès dans toutes ses manifestations.

Autrement dit, cette perspective nous permet de renverser radicalement l'ordre selon lequel nous nous posons en général les questions – lorsque nous nous les posons : il ne s'agit pas de savoir si nous parviendrons à obtenir une masse de travailleurs mieux adaptés à la compétition mondiale et si les entreprises françaises gagneront plus de parts de marché ; il s'agit de savoir si nos systèmes politiques, économiques, sociaux, si l'organisation de notre système socioproductif, nos politiques monétaires et nos politiques de l'emploi, nos priorités permettent ou non à chaque société de rendre les individus plus autonomes et plus aptes à former une véritable communauté politique ; ou si, au contraire, au fur et à mesure de leurs prétendus succès, ces mêmes politiques rendent les individus plus individualistes et moins sujets, et rendent ainsi caduque toute possibilité d'une communauté à venir.

Table

Au-delà du PIB

Qu'est-ce que la richesse ?

Composition et mise en page

N° d'édition : L.01EHQN000210.N001
Dépôt légal : mai 2008
Imprimé en Espagne par Novoprint (Barcelone)

Composition et mise en page

NORD COMPO

Édition : [illegible]
Dépôt légal : [illegible]
Imprimé en Espagne par Novoprint (Barcelone)